오스 기니스는 뛰어난 문화비평가이면서 동시에 기독교 변증가다. 그의 초기작 『죽음의 먼지』(The Dust of Death)에서부터 최근작에 이르기까지, 문화와 역사와 사회와 신앙을 씨줄과 날줄로 삼아 촘촘하게 서로 연관된 하나의 텍스트를 짜낼 수 있는 몇 되지 않는 저자 가운데 한 사람임을 기니스는 자신의 저작을 통해 스스로 입증하였다. 이 책 『르네상스』에도 그의 탁월함이 유감없이 드러난다. 서구 기독교에 대한 그의 분석과 진단은 한국교회가 반드시 귀담아듣고 배워야 할 내용을 담고 있다. 교회의 현재와 미래를 고민하는 이들과 기독교 신앙의 근본 의미를 알고자 하는 모든 이에게 이 책을 추천한다.

강영안 서강대학교 철학과 명예교수

우리는 현대성이 인류의 발전과 완성에 대한 증거라고 주장하는 세상에 살고 있다. 그러나 현대 사회는 인류의 운명과 진정한 가치가 하나님의 손에 있다는 진실을 외면하고 있다. 문제는 세상이 그렇다는 데 있는 것이 아니라 교회가 이 위협에 위축되고 있다는 사실에 있다. 거짓과 진리는 생명과 사망처럼 혼동될 수도 없고 타협될 수도 없는 것이다. 신앙은 위대한 것이고, 그렇기에 담대한 믿음을 필요로 한다. 오스 기니스의 『르네상스』는 그런 면에서 한국교회를 위해 반가운 책이 아닐 수 없다.

박영선 남포교회 설교목사

서구 교회의 영광은 지나간 꿈처럼 느껴진다. 저자는 그 속에서 에스겔 해골 골짜기의 환상을 본다. 역사적 반전의 비전! 그것은 지금 우리에게도 너무나 절실하다. 새로운 기독교 르네상스를 꿈꾸는 오스 기니스의 사회문화를 읽는 눈은 남다르다. 이 책은 믿음의 눈으로 기독교 진리의 빛이 다시 한 번 세상을 밝힐 것을 꿈꾸는 모든 그리스도인에게 큰 소망과 격려를 가져다줄 것이다.

신국원 총신대학교 신학과 교수

르네상스가 중세 교회의 오류로 말미암아 억압된 인간성과 문화를 되살려 놓았고, 뒤이어 자라난 계몽주의가 인간 이성으로 기독교의 진리를 재단한 폐해를 낳긴 했지만 인류 역사의 소중한 자산으로 남아 있음을 우리는 안다. 저자는 현대 기독교에 르네상스가 인간성과 문화에 끼쳤던 바와 같은 전혀 새로운 각성과 갱신과 부활이 필요함을 역설한다. 역사적 기독교의 족적과 이 시대에서 경험하는 헤아릴 수 없는 취약함, 결함, 폐해, 절망들을 이처럼 집약적으로 기술해 놓은 책은 지금까지 없었다. 그러나 저자는 거기에 그치지 않고 "하나님은 하실 수 있다"라는 기독교 신앙의 가장 원초적 믿음으로 인간과 세상에 대한 근본적인 치유책과 궁극적 소망을 제시하는 교회로 새롭게 드러날 것을 촉구하고 있다. 21세기 초반을 살아가는 그리스도인의 시대정신이 될 만한 걸작이라 믿는다.

손희영 행복을 나누는 하나교회 담임목사

'르네상스'(Renaissance)는 '다시 살아남'이란 뜻을 갖고 있다. 오스 기니스는 서구 복음주의에 다시 한 번 되살아남이 필요하다고 역설한다. 문화와 문명의 혁신에 실패하고, 시대의 물결에 뒤로 밀려나고, 사회의 형성과 해체에 거의 존재감이 없는 방식으로 퇴행하고 있는 현실을 기독교 신앙으로 맞대면해야 한다는 저자의 의지에 깊이 동감한다. 기독교를 실패로 규정하는 여러 사상과 시대사조에 대답하는 문명론적 에세이로 읽히는 이 책은, 그의 독서 폭과 역사적 전망의 스케일로 인해 매력적이다. 읽는 내내 그에 값하는 한국 복음주의의 노력은 어디서 나타날 것인가, 하고 숨을 몰아쉬었다.

양희송 청어람 ARMC 대표기획자

지난 수십 년간 오스 기니스는 그리스도인들을 문화 참여로 부르는 가장 예리하고 현실적이면서도 희망에 찬 목소리를 내왔다. 그는 이 책『르네상스』에서 가장 유익한 최신 논의를 요약하고, 자신이 평생 교회에 도전해 온 많은 내용을 갱신하며 많은 새로운 통찰을 제시한다. 이번 최신작을 누구도 놓쳐서는 안 된다.

팀 켈러 뉴욕 리디머장로교회 담임목사

오스 기니스가 또 하나의 명작을 내놓았다. 이 책은 서구 기독교의 문화적 우상숭배에 대한 생생한 고발이면서, 복음서와 사도들의 증언에 나타난 그리스도의 모범을 따라 새로운 변화를 이루어야 한다는 절박한 부름이다. 거시적 안목의 읽기 쉬운 책으로 그룹 토의에 아주 적합하다. 특히 양심의 집단적 성찰을 촉구하기 때문이다. 예리한 구변과 명쾌한 산문, 재치가 번득이는 문체, 비평과 신학의 현실주의에 대한 열정 등이 지극히 기니스답다. 그가 촉구하는 진정한 기독교 르네상스 덕분에 많은 사람들이 어두운 시대에 소망의 의지를 새롭게 하여 하나님을 바랄 것이다.

데이비드 라일 제프리 베일러 대학교 석좌교수

오스 기니스는 다년간의 날카로운 문화 분석과 폭넓은 역사 이해를 바탕으로 기독교 교회를 향해 소명을 내놓는다. 시대정신에 휩쓸리지 말고 세속화의 깊은 침투에 맞서 싸우라는 것이다. 이 책의 권면대로 우리는 과거에서 배워 실수의 반복을 피하고, 흔히들 잊고 있지만 서구 문화에 미친 기독교의 영향을 인식하며, 성경의 진리와 더 깊이 씨름해야 한다. 또한 이 책의 논증대로 우리는 시대를 따를 게 아니라 하나님께로 돌아가, 하나님과 그분의 능력에 대한 확신을 되찾는 데에만 소망을 두어야 한다. 그런 확신이 초대 그리스도인들의 특징이었고, 그들의 삶은 '예수 그리스도가 곧 주님이시다'라는 근본적 신앙 고백으로 규정되었다.

J. C. 레녹스 옥스퍼드 대학교 수학 교수

세상을 어떻게 보느냐에 따라 우리가 세상에서 무엇을 할지가 결정된다. 오스 기니스는 이 책에서 역사, 성경, 자신이 경험한 전 세계의 기독교를 바탕으로 우리의 현 상황을 바른 시각으로 보게 해준다. 또한 많은 그리스도인들이 문화 변혁의 와중에 자초한 비극이 어째서 변명의 여지가 없는지를 밝힌다. 그러면서도 우리 앞에 놓인 진정한 도전을 새삼 명쾌하고 진지하고 냉철하게 논의한다. 가장 유익한 것은 그가 우리의 시선을 믿음의 주요 온전하게 하시는 이인 그리스도께로 돌려놓는다는 것이다. 이 시대에 우리가 그분의 백성이 될 수 있는 용기와 자원은 그분 안에 있다. 이 책에 투자한 시간을 단 일 분도 후회하지 않을 것이다.

스카이 제서니 『리더십 저널』 책임편집자

아무리 어두운 시대에도 복음의 능력이 세상을 변화시킬 수 있음을 상기시켜 주는 심오하고 현실적이며 희망에 찬 책이다. 기니스는 서구 기독교를 향해 시대정신을 본받지 말고 세속화에 맞서 싸울 것을 촉구한다. 하나님을 확신하고, 복음의 능력을 확신하고, 성경의 위대한 진리를 확신하는 가운데 주변 세상에 참여하라는 것이다. 예리한 문화 분석과 깊은 역사 이해가 어우러져 이토록 풍부한 배경을 제시하는 작가는 내가 알기로 없다. 책을 덮는 순간 깊은 희망이 밀려왔다. 각 장 끝에 나오는 그의 절절한 기도도 그런 희망을 굳혀 주었다. 이 명저의 지혜를 귀담아듣는다면, 우리는 이 시대에 얼마든지 그리스도의 훌륭한 대변자가 될 수 있을 것이다.

레베카 맨리 피퍼트 『희망의 이유』 저자

『르네상스』는 우리의 문화적 상황이라는 위태로운 현실이 하나님의 지속적인 주권과 그분의 약속들에 기반한 소망으로써만 균형을 잡게 해준다.

『크리스채너티 투데이』

르네상스

Os Guinness

RENAISSANCE

: The Power of the Gospel However Dark the Times

르네
상스

오스 기니스 지음 · 윤종석 옮김

복 있는 사람

르네상스

2016년 3월 17일 초판 1쇄 인쇄
2016년 3월 24일 초판 1쇄 발행

지은이 오스 기니스
옮긴이 윤종석
펴낸이 박종현

도서출판 복 있는 사람
주소 서울특별시 마포구 연남동 246-21 (성미산로23길 26-6)
전화 02-723-7183, 7734 (영업·마케팅)
팩스 02-723-7184
이메일 blesspjh@hanmail.net
등록 1998년 1월 19일 제1-2280호

ISBN 978-89-6360-175-5 04230
ISBN 978-89-6360-178-6 04230 (세트)

이 도서의 국립중앙도서관 출판시도서목록(CIP)은
서지정보유통지원시스템 홈페이지(http://seoji.nl.go.kr)와 국가자료공동목록시스템
(http://www.nl.go.kr/kolisnet)에서 이용하실 수 있습니다. (CIP 제어번호 : 2016005198)

Renaissance
by Os Guinness

차례

여호와께서 권능으로 내게 임재하시고 그의 영으로 나를 데리고 가서 골짜기 가운데 두셨는데 거기 뼈가 가득하더라. 나를 그 뼈 사방으로 지나가게 하시기로 본즉 그 골짜기 지면에 뼈가 심히 많고 아주 말랐더라. 그가 내게 이르시되 "인자야, 이 뼈들이 능히 살 수 있겠느냐" 하시기로 내가 대답하되 "주 여호와여, 주께서 아시나이다." 또 내게 이르시되 "너는 이 모든 뼈에게 대언하여 이르기를 '너희 마른 뼈들아, 여호와의 말씀을 들을지어다. 주 여호와께서 이 뼈들에게 이같이 말씀하시기를 내가 생기를 너희에게 들어가게 하리니 너희가 살아나리라. 너희 위에 힘줄을 두고 살을 입히고 가죽으로 덮고 너희 속에 생기를 넣으리니 너희가 살아나리라. 또 내가 여호와인 줄 너희가 알리라 하셨다' 하라." 이에 내가 명령을 따라 대언하니 대언할 때에 소리가 나고 움직이며 이 뼈, 저 뼈가 들어맞아 뼈들이 서로 연결되더라. 내가 또 보니 그 뼈에 힘줄이 생기고 살이 오르며 그 위에 가죽이 덮이나 그 속에 생기는 없더라. 또 내게 이르시되 "인자야, 너는 생기를 향하여 대언하라. 생기에게 대언하여 이르기를 '주 여호와께서 이같이 말씀하시기를 생기야, 사방에서부터 와서 이 죽음을 당한 자에게 불어서 살아나게 하라 하셨다' 하라." 이에 내가 그 명령대로 대언하였더니 생기가 그들에게 들어가매 그들이 곧 살아나서 일어나 서는데 극히 큰 군대더라.

에스겔 37:1-10

오 주여, 저로부터 시작하여 주의 교회를 소생시켜 주소서.

성 아우구스티누스 ＼ 5세기

나는 부르짖고 부르짖고 또 부르짖는다. 참된 신앙인 그리스도의 종교가 바닥까지 떨어져 마귀에게뿐 아니라 유대교도와 이슬람교도와 이교도에게까지 조롱거리가 되었다.……그들은 그들의 율법을 믿고 그대로 지키건만, 우리는 세상을 사랑하는 데 취하여 우리의 율법을 저버렸다.

성 그레고리우스 ＼ 11세기

이 시대의 인간들은 신약의 기독교처럼 강한 것이라면 무엇이든 감당하지 못한다(그것 때문에 죽거나 제정신을 잃을 것이다). 아이들이 술을 감당하지 못하는 것과 같은 이치다. 그래서 우리는 아이들에게 레모네이드를 만들어 준다. 지금의 인간이라는 존재들에게 공식 기독교는 레모네이드처럼 모조품이 되고 말았다. 이것이 그들이 감당할 수 있는 가장 강한 것이다. 이 모조품을 그들은 "기독교"라 부른다. 아이들이 레모네이드를 "포도주"라 부르는 것과 같다.

어떤 이단이나 분파보다도 기독교에 더 어긋나는 것이 있다. 모든 이단과 분파를 합한 것보다도 기독교의 본질 자체에 더 어긋나는 것이 있다. 그것은 바로 기독교를 흉내 내는 것이다.

쇠렌 키에르케고르 ＼ 19세기

불안한데 위로받을 길이 없는 우리는 생각뿐인 구경꾼들로 잠시 한쪽에 서 있다. 덕분에 이 굉장한 싸움과 전환을 목격한다. 아, 이 싸움은 정말 신기하여 구경하는 사람도 누구나 그 소동에 휘말릴 수밖에 없다!

프리드리히 니체

문명이란 사회의 도덕적 힘이 포악한 물리력을 벗어나기 시작한 상태다. 그런데
문명이 진보의 사다리를 올라갔다가 도로 끌어내려진 적이 얼마나 많던가?

윈스턴 처칠 ＼ 20세기

기독교 신앙이 모든 면에서 변질된 적이 최소한 다섯 번인데, 그때마다 죽은 것
은 신앙 자체가 아니라 변질된 사람들이다.

G. K. 체스터턴

상공을 넓게 선회하는 매는
사냥꾼의 소리를 듣지 못한다.
중심이 꺼지니 전부 무너진다.
혼돈만이 지상 가득 풀려나
핏빛 조류에 세상이 뒤덮이고
순결한 예식은 물에 잠긴다.
의인은 모든 확신을 잃는데
악인은 온통 열정으로 타오른다.

W. B. 예이츠, 「재림」

때로 이미 너무 늦었다는 생각도 든다. 어쨌든 하나님의 은혜로 좀 더 숨 돌릴
겨를이 주어진다면―그분이 다시 기회를 주셔서 우리가 지구상의 모든 문명 생
활이 당장 종식될 가능성에 늘 직면한 채로, 옛 문명의 폐허 위에 유럽 문명을
새로 일으키게 된다면―기독교의 책임이 막중하다. ·

에밀 브루너

서구 사회를 구속救贖하는 일은 기독교 본연의 의미에 달려 있다.

라인홀드 니버

은행 옆에 사는 사람은
안전한 돈을 의심하기 어렵고
경찰서 옆에 사는 사람은
폭력의 승리를 믿기 어렵다.
기독교 신앙은 세상을 이겼을까?
사자獅子들을 더 보호할 필요가 없을까?
예전이나 지금이 다를 바 없음을 굳이 말해야 할까?
우리가 자랑 삼는 상류사회의 고상한 조예마저도
그 의미를 이 신앙에 빚지고 있으니
이 신앙보다 오래갈 수 없음을 굳이 말해야 할까?

T. S. 엘리엇, 「반석」

여전히 하나님만이 인간을 인간으로부터 보호하실 수 있다. 우리는 영과 진리로 그분을 섬기거나, 아니면 우리의 형상과 모양을 따라 우리의 손으로 기괴한 우상을 만들어 놓고 끊임없이 날로 더 그 우상의 노예가 되거나 둘 중 하나다.

에티엔느 질송

덧없는 사회는 영원한 세계를 경시하는 만큼 그에 비례하여 반드시 타락한다. 지상의 모든 문명은 타락하기 쉬우며 언젠가는 망하게 되어 있다. 팍스 브리타니카pax Britannica도 팍스 로마나pax romana와 다를 바 없고, 기독교 세계도 바빌론이나 트로이와 다를 바 없다. 대부분의 문명이 너무 일찍 망한 것은 다분히 스스로 교만한 망상에 빠졌기 때문이다. 서구 문명이 그보다 오래가려면 자체의 위엄威嚴에 대한 더 겸손한 평가와 "여기에는 영구한 도성이 없다"는 지식만이 그 힘이다.

존 베일리

로마 제국도 오늘의 유럽과 똑같은 중대한 문제에 부딪쳤다. 비교적 수준이 높았던 그 물질문명은 사회를 진보시킨 게 아니라 오히려 치명적 퇴보를 유발했다. 삶이 옛 도시국가의 각종 제도에서 벗어나면서 그 대신 국제적으로 규격화된 대중 쾌락주의가 발흥했다. 목욕탕, 서커스, 원형경기장 등 국가에서 제공하는 쾌락은 한때 소수의 특권이었던 호사를 다수에게 안겨 주면서 그들에게 결여된 공민의 자유와 명예를 보상해 주었다. 시민들은 농부나 야만인을 용병으로 살 수 있으니 더 이상 군인이 될 필요가 없었고, 일하는 노예들이 따로 있으니 일할 필요도 없었다. 그렇게 나라는 부패하고 도시는 우후죽순처럼 생겨나 대서양에서 유프라테스 강까지 어디에나 획일화된 사회생활을 양산했다. 이 오락 국가에서 지중해의 민족들은 점차 생명력을 잃고 메말라 노쇠해 갔다.

두 번째로 냉랭해진 세상에 이 기적이 재현될 수 있을까? 우리의 문명은 이교 로마보다 무한히 더 풍부하고 강하지만, 똑같이 방향감각을 상실하여 사회적 퇴보와 영적 해체의 위험에 직면해 있는 것 같다. 이 어두운 문명에 생명의 말씀이 한 번 더 빛을 비출 수 있을까? 분명히 그리스도인들은 긍정으로 답해야 한다. 하지만 그렇다고 인류의 온 미래가 걸려 있는 이 문제 앞에서 간단한 즉답을 찾으려 해서는 안 된다.

크리스토퍼 도슨

1. 아우구스티누스의 시대, 우리의 시대

"이 또한 지나가리라." 지금으로부터 2천 년 후면 기독교 신앙도 마침내 그 말처럼 되어 있을까? 기독교 교회는 끝났으며 기독교 신앙은 위대한 역사박물관으로 향하고 있을까? 이 신앙의 대적들은 이미 그렇게 비난하고 있으며, 요즘 서구의 일부 추세를 보면 정말 그렇게 보인다.

"위대한 판^{Pan} 신은 죽었다." 일찍이 플루타르코스^{Plutarch}는 그리스 서해안을 항해하던 선객들의 애통을 묘사하며 그렇게 썼다. 목동들과 양 떼의 신이 죽고 기독교 신앙이 이교를 이겼던 것이다. 그런데 이제 교회의 비판자들이 되갚음을 하고 있다. 19세기 말 "신은 죽었다"라는 프리드리히 니체$^{Friedrich\ Nietzsche}$

의 유명한 구호로부터 20세기 초 신흥 무신론자들이 요란하게 주장한 "신앙의 종말"에 이르기까지, 우리는 기독교의 절정기가 막을 내렸다는 선언을 귀가 따갑게 듣고 있다. 발전된 현대 세계의 창출에 일조한 기독교 신앙도 이제 종말을 목전에 두고 있다는 것이다.

그렇다면 이 신앙을 지금 버리는 이들은 선견지명이 있는 것이며, 계속 고수하는 우리는 실패한 운동과 침몰하는 선박에서 완강히 버티는 골수파일 뿐인가? 그동안 어떤 적이나 박해자도 성공하지 못했던 일을 마침내 모더니즘이 해낸 것인가? 그리하여 성경의 권위를 변덕스런 풍향계로, 교회를 무력한 말쟁이로 전락시킨 것인가? 발전된 현대 세계에서 교회의 처지가 그렇게 초라하다면, 지금은 무신론이 최종 승리하거나 이슬람교가 되살아나 승승장구할 때인가? 현재 원기왕성한 남반구의 교회도 때가 되면 모더니즘의 도전에 부딪쳐 포로 신세가 되고, 그리하여 마귀의 승리가 완성될 것인가?

세계화 시대의 그리스도인들에게 이런 의문들에 따라오는 날카로운 질문이 있다. 발전된 현대 세계의 기독교 신앙은 지금이라도 쇄신되고 회복될 수 있을까? 충분히 변화되어 다시금 복음의 능력으로 세상을 변화시킬 가망이 있을까? 아니면 이 모두가 공허한 메아리처럼 쓸데없고 순진하고 무책임한 말에 불과할까?

우리의 답에 일말의 동요도 있어서는 안 된다. 복음의 진리와 능력으로 교회는 소생되고 개혁되고 회복되어 다시금 세상을 새롭게 하는 능력이 될 수 있다. 의문의 여지 없이 예수의 기쁜 소식은 과거에 수많은 개인과 문화를 철저히 변화시켰다. 역시 의문의 여지 없이 지금도 세계의 많은 지역에서 똑같은 일이 벌어지고 있다. 현재 기독교 교회는 발전된 현대 세계의 한복판에서 초라한 난맥상에 빠져 있지만, 그래도 복음은 하나님의 은혜로 다시금 똑같이 역사할 수 있다.

하지만 그렇게 담대히 답만 해놓고 손을 떼서는 물론 안 된다. 그러면 값싸고 얄팍한 승리주의가 된다. 이 긍정의 답에는 마땅히 더 깊은 설명과 그에 상응하는 생활방식이 뒤따라야 한다. 모든 실속 있는 반응에는 확신 못지않게 깊은 사고가 필요하다. 그래야 교회 앞에 닥친 참으로 어두운 이 시대에, 하나님과 복음을 믿는 우리의 믿음이 공연한 허세가 아니라 근거 있는 신뢰가 될 수 있다.

G. K. 체스터턴^{Chesterton}은 "기독교 신앙이 모든 면에서 변질된 적이 최소한 다섯 번인데, 그때마다 죽은 것은 신앙 자체가 아니라 변질된 사람들이다"라고 썼다.[1] 이 위대한 기독교 저술가의 말은 사실이며, 낙심한 이들을 재치 있게 일깨워 기운을 차리게 한다. 하지만 우리는 그 말이 왜 사실인지 분명히 알아야 한다. 아무리 어두운 시대에도 우리가 복음을 철석같

이 확신하고 또 진정한 기독교 르네상스의 가능성을 확신하는 가운데 살아가고 일할 수 있는 이유를 알아야 한다. 그 전에 우선 우리가 살고 있는 이 비상한 시대와 거기서 오는 전면적 도전부터 생각해 보자.

기독교 문명?   브리튼 전투로 알려진 위대한 공중전은 결국 제2차 세계대전의 한 전환점이 되었다. 전투는 1940년 6월 18일에 개시되었는데, 영국 수상 윈스턴 처칠Winston Churchill은 그 전투의 이전과 이후에 가장 유명한 두 번의 연설을 했다. 전투 이후의 연설에는 공군들에게 바친 이런 유명한 찬사가 들어 있다. "인류의 전쟁 역사상 이토록 소수에게 이토록 다수가 이토록 큰 빚을 진 적은 없었다." 전투 이전의 연설은 더 유명하여 지금도 "이것이 그들의 최고의 순간이었다"라는 마지막 우렁찬 한마디로 알려져 있다.

한편 그 연설의 앞부분에 나오는 두 문장이 당시에는 아무런 논평도 이끌어 내지 못했으나 전쟁이 끝난 뒤에 활기찬 담론을 유발했다. 처칠이 한 말은 이것이다. "바야흐로 브리튼 전투가 개시되려 한다. 이 전투에 기독교 문명의 생존이 달려 있다."[2]

전쟁이 끝나자 세계에서 가장 저명한 다수의 기독교 사상

가들 사이에 열띤 대화가 이루어졌는데, 그중 여럿은 자신의
평론과 저서의 서언에 처칠의 그 말을 인용했다. 대화에 참여
한 사람들은 미국계 영국 시인 T. S. 엘리엇,Eliot 프랑스 철학자
자크 마리탱Jacques Maritain 영국 역사가 크리스토퍼 도슨,Christopher
Dawson 스위스 신학자 에밀 브루너,Emil Brunner 스코틀랜드 신학자
존 베일리John Baillie 등이다. 흥미롭게도 제1차 세계대전의 끔찍
한 재앙 이후에도 비슷한 토론이 있었으나 토론의 주제가 문
명 자체였을 뿐, 대부분의 참여자들이 기독교 신앙에는 개인
적 관심이 없었다. 그때의 토론에는 오스왈드 스펭글러,Oswald
Spengler H. G. 웰스,Wells 아놀드 토인비,Arnold Toynbee 클라이브 벨Clive
Bell 등 유수한 지성들이 참여했다.

　제2차 세계대전 이후의 담론은 명백히 기독교적이었고 이
슈가 기독교 문명이었다. 확실한 기독교 문화의 창달이었다.
그렇다면 승전국들이 정말 그 정도로 "기독교적"이었던 것일
까? 지나간 시대들의 문명은 **기독교**라는 용어로 수식될 만한
자격이 어느 정도나 될까? 어떤 문명이 자칭 또는 타칭으로
"기독교적"이라 불리는 게 옳다면 어떤 의미에서 그럴까? 또
한 그 시점에서 장차 기독교 문화와 기독교 문명을 회복할 수
있는 전망은 어떠했을까?

　70년이 지난 지금, 그런 담론과 의문에 긴박감을 더해 주는
사실이 있다. 야만성의 위력이 외적으로뿐 아니라 내적으로도

하루가 다르게 더 흥해지고 있다는 것이다. 즉 이슬람교의 폭
력은 점점 그 수위를 더해 가고 있고, 기독교 이후의 서구 세
속주의는 퇴폐 일로로 치닫고 있으며, 한때 서구 문명을 감화
하고 형성했던 유대교와 기독교의 각종 개념과 제도는 명백한
무력증과 난맥상에 빠져 있다.

　공정하게 말해서, 원래 토론에 가담한 유수한 사상가들의
관심은 이론에만 있는 것이 아니라 실천에 있었다. 그들의 역
사인식과 책임의식은 한낱 사상으로 끝나지 않고 훨씬 넓은
영역에까지 미쳤다. 예컨대 자크 마리탱과 크리스토퍼 도슨
의 사상적 영향을 배경으로 세계인권선언Universal Declaration of Human
Rights이 채택되었고, 이후의 유럽연합이 발흥했으며, 가톨릭 교
회를 변화시킨 제2차 바티칸 공의회의 개혁의식이 싹텄다. 그
당시에 생겨난 실천 사업의 예로 개신교 진영의 도덕재무장
운동,Moral Re-Armament 가톨릭 진영의 오푸스데이,Opus Dei 에큐메니
즘 진영의 검과 영Sword and Spirit 등이 있다. 그러나 이런 독창적
인 일의 공과功過와 무관하게, 지금 우리에게 아주 매혹적이고
교훈적인 부분은 바로 기독교 문명과 문화의 핵심 개념에 대
한 그들의 담론이다.

　반세기도 더 지난 지금의 유리한 입장에서 되돌아보면, 지
난 세월 그들의 대화에서 두 가지가 돋보인다. 한편으로 그 참
여자들은 모든 문명이 본질상 깨지기 쉬운 것임을 절감했다.

오늘날 그런 인식이 약해진 것은 우리에게 손해다. 문명화된 삶이라는 성취는 얇은 껍질일 뿐, 그 속에는 인간의 본성이라는 거친 날알이 들어 있다. 인간의 본성은 무섭도록 한순간에 본색을 드러낼 수 있다. 어느 정도의 이면에 늘 야만성이 도사리고 있다. 그것을 신학자들은 성경의 기록대로 "원죄"라 불렀고, 임마누엘 칸트Immanuel Kant와 아이자야 벌린Isaiah Berlin은 인간의 "삐딱한 성질"이라 불렀으며, 니체는 "인간 형질의 부조화"라 불렀고, 시인 제러드 맨리 홉킨스Gerard Manley Hopkins는 세상 속 "인간의 얼룩"이라 불렀다.[3] 어쨌든 이는 일시적으로 아무리 웅대한 문명일지라도 모든 문명은 결국 종잇장처럼 얇고 깨지기 쉬워 야만성을 막아 낼 수 없다는 뜻이다.

국회의사당 언덕에서 워싱턴 DC를 내려다보면서 그 모든 동상과 상징물과 어구에 담긴 교훈을 생각해 보라. 자칭 "자유 세계의 수도"가 과시하는 것은 다름 아닌 위풍당당한 권력과 그 영속성이다. 미국의 힘과 자유가 천년만년 가지 못하리라는 낌새는 어디에도 없다. 현실주의 사관으로 크게 칭송받는 헨리 키신저Henry Kissinger마저도 이렇게 썼다. "지난날의 가장 위대한 제국들도 밝아 오는 새 천 년에 미국이 향유하고 있는 우월성에는 비길 바가 못 된다."[4]

하지만 미국의 국조들이 그토록 선망했던 문명인 로마를 지금 팔라티노 언덕에서 내려다보면 전혀 다른 교훈이 나온다.

거기 "영원한 도성"의 자리에 펼쳐진 광경이라고는 이미 사라진 지 오래인 왕들의 흔적, 한때 당당했던 공화국의 유적, 당대의 세상을 로도스 섬의 거상^{巨像}처럼 활보하던 제국의 빛바랜 돌기둥, 심지어 로마보다 앞섰던 이집트와 그리스 문명의 흩어진 잔해뿐이다. 그러니 그리스토퍼 도슨이 제2차 세계대전 이후 편지에 쓰기를, 지난 몇 년의 모든 사건을 통해 확신컨대 "문명이란 지극히 깨지기 쉬운 것이며 순식간에 우리는 모든 유산을 잃을 수 있다"고 한 것도 당연하다.⁵

다른 한편으로 전후^{戰後}의 토론자들의 뛰어난 지성, 심도 깊은 토론, 희망과 거기서 싹튼 실제적 사업 등에도 불구하고 또 하나 분명한 사실이 있다. 기독교 문명의 회복은 그때 그들보다 오늘 우리에게 더 요원하다는 것이다. 차차 밝혀지겠지만 이 책의 취지는 절대로 서구 문명은 물론이고 "기독교 문명"을 주창하려는 게 아니다. 내 초미의 관심은 그 두 단어 중 뒤쪽이 아니라 앞쪽에 있으며, 따라서 문명이 아니라 교회에 있다. 그러나 서구 세계의 대다수 지역까지는 몰라도 많은 지역에서, 그나마 남아 있던 서구의 기독교적 기초가 이미 붕괴했거나 붕괴하고 있는 것만은 사실이다. 기독교 교회는 거의 어디서나 수세에 몰려 있고, 기독교 신앙은 우리 사회의 사상적 지도층에게 조롱당하고 있다. 요즘은 사람들이 떼 지어 교회를 버리고 있다는 말까지 들려온다. 게다가 그 변절자 중 다수는 실제로 무신론자도 아니고 심지어 불가지론자도 아니다. 그들은 "속하지 않고 믿거나" 여태껏 "믿지 않으면서 속해 있는" 전형적 중간 지대에 애매하게 끼여 있다.

그렇다고 오해하지는 말라. 서구의 기독교 교회가 문제에 봉착해 있다고 해서 기독교 이후의 서구 세력이 오랫동안 승리했다는 의미는 조금도 아니다. 반대로 서구는 총체적으로 위기에 처해 있다. 세속 진보주의자들이 유토피아적 계몽주의의 희망을 역사에 두었으나, 현 순간이 입증하다시피 그것은 거짓이기 때문이다. 인간이 이끄는 역사가 천국을 대신하여 인류의 진보를 이루어 낼 수 있을까? 그리하여 인류의 갈망인 자유, 정의, 평화, 세계 질서를 보장할 수 있을까? 한두 세기가 지난 지금 나타나는 결과를 보면 오히려 그와 정반대가 분명한 사실이다.

서구는 전체주의적 야망인 독일 히틀러의 자칭 지배 인종과 소련 스탈린의 자칭 지배 계급을 둘 다 물리쳤다. 하지만 지금 서구는 작금의 세 가지 위협 세력 앞에 나약해져 자신감을 잃고 있다. 첫째로, 똑같이 전체주의적인 중동의 이슬람교라는 자칭 지배 종교다. 둘째로, 점점 더 전체주의로 치닫는 편협한 자유주의의 철학과 제로섬 전략이다. 셋째로, 서구가 선택한 이념과 생활방식의 문화적 혼돈인데, 이는 서구의 정체성을 허물고 기존의 힘을 약화시켜 자멸을 부른다.

세속 진보나 세속 진보주의자들은 서구를 한때 자신들이 약속했던 곳으로 데려다 놓지 못했으며, 그럴 능력도 없다. 서구를 서구 되게 한 것은 유대교와 기독교의 신념과 이상이며, 세속 진보주의자들은 거기에 기생하는 존재일 뿐이다. 서구의 진보 지도층이 기술하는 미래는 더 이상 진보로 간주될 수 없다. 기껏해야 신통한 과학기술뿐이다. 게다가 더 이상 그들은 세상의 미래를 어디로든 이끌어 갈 무적의 지도층도 아니다. 이에 대항하여 부상하고 있는 세력은 서구 진보주의자들과 그들의 이상을 별로 중시하지 않는다. 기독교 이후의 자유주의자들은 서구 유대교와 기독교의 이상을 대체하려는 부질없는 과정에서 종종 매우 편협한 모습을 보여주었다. 그들은 식민 시대 이후의 죄책감을 깊이 들이마신 데다 "적군의 적은 곧 아군이다"라는 철학을 신봉한 나머지, 여태 앞길을 막고 있는 유대교와 기독교 신앙의 흔적을 일소하고자 이슬람교와 친해졌다. 그 과정에서 그들은 한때 자유주의와 진보의 근간으로 통하던 인간의 존엄성, 자유, 개인적 책임 같은 유대교와 기독교의 이상을 "망상"으로 일축하며 속속 저버리고 있다.

이상의 짧막한 몇 문단으로 서구의 위기를 다 이야기할 수는 없으며, 이야기가 끝나려면 아직 멀었다. 하지만 여기서 부각되는 것은 전후의 그 대화가 영락없이 "석양의 토론"을 닮았다는 것이다. 노을에 물든 해가 가장 찬란하고 다채롭듯이,

많은 담론이 강렬한 극적 효과를 얻는 것도 바로 해당 주제가 시야와 기억에서 사라지고 있기 때문이다. 기독교 문화와 문명에 대한 전후의 놀라운 토론을 대충 읽고 나면, 과연 그것이 사라지고 있는 듯 보일 수 있다.

서구 문화의 엘리트층은 이미 두 세기가 넘도록 하나님을 무시했으나 한동안은 그 영향이 그들 자신의 진영 내로 국한되었다. 처음에 하나님을 무시하던 그들은 점차 서구의 전통을 고의로 모독했다. 그런 생활방식이 좀 더 깊었더라면 재앙을 면치 못했을 것이다. 그런데 21세기 초인 지금은 무시에서 모독을 지나 퇴폐에 이른 그들의 동향이 사회의 주류를 이루고 있다. 그중에서도 유독 미국은 변곡점에 근접한 다른 사회들을 선도하고 있다.

머잖아 다자연애^{polyamory}와 복혼(일부다처나 일처다부)과 소아성애와 근친상간 등도 낙태나 동성애와 동일한 논리를 따를 것이고, 그러면 사회적으로 해로운 이런 추세의 결과가 사회 전반으로 퍼져 나가 결국 사회는 회복 불능의 혼란에 빠질 것이다. 스스로 선택해서 자초한 결과에 "하나님께서 그들을 내버려 두셨으니"라는 무서운 선고가 떨어지기 전에, 부디 하나님께로 그리고 제정신으로 돌아오기를 기도할 따름이다.

세상을 변화시키려면 양차 세계대전에 뒤이어 다루
어진 과거의 담론이 최근에 다
시 생각난 것은 제임스 데이비슨 헌터[James Davison Hunter]의 『기독
교는 어떻게 세상을 변화시키는가』[To Change the World]와 앤디 크라우
치[Andy Crouch]의 『컬처 메이킹』[Culture Making] 같은 책들을 필두로, 하
여 영어권 세상에 그와 비슷한 논의가 불거졌기 때문이다. 그
리스도인들은 정말 세상을 변화시킬 수 있는가? 오늘 그 일을
하고 있는가?

한편에는 낙관론자들이 있다. 그중에는 진지한 사람들도 있
고 거의 무분별한 사람들도 있다. 지난 한 세대 동안 수많은
기독교 지도자와 저술가들의 강연과 설교와 책에 "차이를 낳
는다", "유산을 남긴다", "문화를 변혁한다", "세상을 변화시
킨다"와 같은 말이 후렴구처럼 넘쳐났다(미국의 한 기독 대학은
"세상의 변화가 시작되는 곳"이라는 구호를 자랑스레 공표했고, 최근에
그리스도인 청중을 부르는 호칭으로 "세상을 변화시키는 동지들이여!"
가 등장하기도 했다). 하지만 그런 자명한 표현을 쓰는 사람들은
많았지만, 그런 변화가 실제로 일어나고 있는지 여부와 그것
이 왜 그리고 어떻게 가능하다고 믿는지 등을 묻는 사람은 별
로 없었다.

반대편에는 냉정하다 못해 어쩌면 냉소적일 수도 있는 현
실론자들이 있다. 그들은 그토록 칭송받는 "세계 변화"가 말

만 무성할 뿐 전혀 실현되지 않고 있다는 사실을 계속해서 되된다. 어떤 사람들은 강사들이 이 개념에 접근하는 방식으로 보아 그것이 아예 불가능한 일이라 주장하기도 한다. 사상이 문화에 영향을 미치는 방식을 그리스도인들이 더 잘 이해하지 않는 한, 기독교 사상이니 기독 지성이니 "그리스도인다운 사고"에 대한 모든 선의의 담론은 공수표와 환멸밖에 낳지 못할 것이다.

나의 입장은 다분히 전자 쪽이되 현실적 이해인 후자도 충분히 더해져 있다. 성 바울이 큰 국제도시인 고린도의 그리스도인들에게 날카롭게 지적한 것처럼, 예수의 기쁜 소식은 말로만 오지 않고 능력으로 임한다. 이미 입증되었듯이 복음은 인간과 세상을 변화시키는 사상 최고의 능력이다. 쇠렌 키에르케고르Søren Kierkegaard는 "기독교 사상은 모든 것을 변화시키려 했다. 그리스도인으로 연합한 열두 사람이 세상의 지형을 재창조했다"고 썼다.[6] 사실 이런 변혁의 능력은 삶의 변화를 강조하는 복음의 직접적 선물로서 서구 사조의 근간을 이룬다. 크리스토퍼 도슨의 말처럼 "서구 문명은 세계 변화의 거대한 촉매제였다. 세상을 변화시키는 일이 그 문명의 문화적 이상에서 필수 요소가 되었기 때문이다."[7]

그러나 바로 그 변화의 능력을 우리 시대에 다시 이해하고 다시 경험하고 다시 예시해야 한다. 오늘의 도전이 무엇이든 복음의 역동성, 복음과 문화의 관계를 있는 그대로 이해하고 실천해야 한다. 비판자와 냉소주의자들이 틀렸다고 입증하려면, 하나님의 일을 언제나 하나님의 방식대로 해야 한다. 그래야 하나님의 실체와 위대하심에 합당한 결과를 볼 수 있다. 지금은 긴박한 순간이며 허비할 시간이 별로 없다.

이전에 알던 세상은 사라졌다   그랜드캐니언의 광활한 밑바닥을 기는 개미처럼, 우리 중에도 충분히 멀리 보고 높이 보아 역사의 도도한 흐름 속에서 우리가 어디쯤 와 있는지 제대로 알 수 있는 사람은 아무도 없다. 오직 하나님만이 아신다. 내가 최선을 다해 추정해 보건대, 우리는 지금 중대한 전환기에 있다. 5백 년간 세상을 지배해 온 서구의 황혼기에 살고 있기 때문이다. 최초로 세계를 일주한 포르투갈의 용감무쌍한 해상 탐험가들로부터 시작하여 스페인과 프랑스와 네덜란드와 영국 제국을 거쳐 마침내 "미국의 세기"와 비공식 미국 제국에 이르기까지, 근래에 서구는 당대 세계의 최강 문명이었으며 좋든 나쁘든 자신들의 뜻을 나머지 세상의 많은 부분에 강요했다.

물론 서구는 여전히 강하고 미국 사회는 여전히 세계를 주도하고 있다. 현재 전 세계를 지구촌으로 만들고 있는 것도 자본주의, 과학, 첨단기술 같은 서구의 이념과 세력이다. 그러나

5백 년은 눈 깜짝할 사이 정도에 지나지 않으며, 그 강한 세력은 이제 서구의 도덕적 사상이라는 길잡이를 잃은 채 제멋대로 돌아가고 있다. 이는 이 중대한 시기에 서구가 자신의 뿌리인 유대교와 기독교를 잘라 낸 결과다. 지금의 서구를 만들어 낸 신앙, 사상, 윤리, 생활방식을 스스로 저버린 탓이다. 기독교 이후의 서구는 정체감을 상실한 채 깊이 분열되어 있으며, 세계화 시대를 맞아 그 지배력도 약해지고 있다.

고대 강국인 중국과 인도가 새로 깨어나 부상하고 있고, 중동은 여전히 혼란에 빠져 있으며, 오래 잠자던 아프리카 대륙도 새로운 미래를 향해 꿈틀거리고 있다. 그만큼 이제 서구의 지배력이 무조건 통하던 시대는 얼마 남지 않았다. 우주의 나이가 수십억 년인 데다가 또한 수천 년씩 지속된 다른 문명들에 비하면, 5백 년의 지배는 어차피 작은 성취다. 그런데 이 죽어 가는 옛 시대는 인간의 좁은 안목으로도 잘 보이는데, 태어나는 새 시대는 도무지 보이지 않는다.

우리는 참으로 성 아우구스티누스^{Augustine}와 같은 순간에 서 있다. 아우구스티누스는 반달족이 코앞에까지 밀고 들어온 시점에 북아프리카에서 죽었으며, 주후 410년에 로마가 서고트족에게 약탈당하던 참변도 겪어 냈다. 그해는 로마의 8백 년 지배 끝에 서로마 제국이 쇠퇴하고 멸망하는 과정에서 가장 잘 알려진 일대 고비였다. 성 히에로니무스^{Jerome}가 다소 신파

조로 쓴 유명한 말처럼 "세상의 빛이 꺼졌고, 제국의 머리가
잘려 나갔다."[8] 정녕 만물의 종말이 가까워졌다는 생각이 만
연했다.

아우구스티누스의 특권이자 도전은 그런 격동과 붕괴와 비
탄의 시대에 하나님을 신뢰하며 충실하게 사는 것이었고, 또
하나님 나라에 대한 비전을 밝히 제시하는 것이었다. 서구에
서 로마가 몰락한 후로 기독교 세계가 도래하기까지 여러 세
기 동안 암흑기가 가로놓이는데, 그 시대를 건너갈 길을 닦아
줄 수 있는 것은 바로 그 비전뿐이었다.

이렇듯 여러 모로 성 아우구스티누스가 우리 시대에 대해
가르쳐 줄 수 있는 것이 칼 마르크스Karl Marx와 지그문트 프로
이트Sigmund Freud와 요란한 신흥 무신론자를 다 합한 것보다도
더 많다. 도슨의 평가에 따르면 "아우구스티누스는 단지 위기
의 관망자가 아니라 어떤 황제나 장군이나 야만 군벌보다도
훨씬 더 역사를 창조했고, 옛 세상에서 새 세상으로 건너갈 다
리를 놓았다."[9]

또한 우리는 다니엘과 같은 순간에 서 있다고 말할 수도 있
다. 다니엘과 세 친구 앞에 닥쳐온 도전은 이전의 대다수 유대
인의 경우와는 달랐다. 여호수아 이후로 유대인들이 수백 년
동안 알았던 세상은 사라졌다. 이집트에서 노예로 지냈던 이
후로 유대인이 외국에서 이방인이 된 적은 없었다. 그런 그들

이 주전 6세기에 바빌론에 망하여 포로로 잡혀갔다.

그러나 다니엘과 세 친구는 향수에 젖어 한숨이나 짓고 있을 수 없었다. 그들은 이방 땅에서 여호와의 노래를 부르기 싫어하기로 유명했던 동포들처럼 되지 않았다. 조국의 멸망으로 이전에 알던 세상을 잔인하게 빼앗기고 포로 생활을 하던 그 와중에도, 그들의 과제는 당대 최강 제국의 최고위층에서 하나님께 충실하는 것이었다. 옛 세상은 사라졌다. 그래서 다니엘이 있는 곳은 예루살렘이 아니라 바빌론이었고, 통치자들은 유대교도가 아니라 이교도였고, 그의 사고의 틀은 하나님과 이스라엘의 언약만이 아니라 역사의 큰 흐름이었고, 하나님의 계시가 주어진 통로는 "여호와의 말씀이니라"는 명백한 권위만이 아니라 꿈과 환상과 상징물이었다.

기독교 이후의 시대로 넘어가는 이 과도기는 우리에게 어떤 의미가 있는가? 전체 의미는 하나님만이 아신다. 과거에 관한 한 우리 부모와 조부모가 알던 세상이 사라진 것만은 분명하다. 서구의 지배력 면에서도 그렇고 서구에서 독보적이었던 기독교 신앙의 지위 면에서도 그렇다. 그 달라진 상황 중 일부에 대해서는 차라리 잘됐다고 말할 수밖에 없다. 서구의 명백한 온갖 죄 때문이다. 그러나 사라져 버린 더 좋았던 부분에 대해서는 애통만 하고 있어서는 소용없다. 서구가 기독교 이후로 접어든 이유를 직시하기란 물론 서글픈 일이다. 하지만 동시에 기독교 교회가 서구 이후로 접어든 것은 고무적인 일이다. 이제 교회는 전 세계적으로 성장하고 있어 더 이상 단순히 서구와 동일시될 수 없다. 서구는 5백 년의 지배 끝에 세계화 시대를 맞아 잠식당하고 있고, 서구를 주도하던 미국 사회는 절대적 쇠퇴까지는 몰라도 상대적 쇠퇴의 목전에 서 있으며, 유럽과 북미의 기독교 교회는 다분히 나약함과 혼란과 불충실과 문화적 예속이라는 초라한 상태에 빠져 있다.

분명히 서구 교회의 표류와 이탈은 썩은 지 오래된 판자를 뜯어내는 것처럼 반갑고도 요긴한 일이다. 예컨대 단일신론 Unitarianism 의 지지자들은 소위 무교인 사람들도 이제 자기네에게 동화해야 한다고 목청을 높이지만, 이는 우리가 회의와 환멸과 고립의 시대에 살고 있음을 말해 줄 뿐이다. 그러니 "어디로 가야 할지 막막할 때 가는 곳"으로 표현되는 신앙이 자연히 대접받을 수밖에 없다.

그렇다면 미래는 어떤가? 옛 시대는 죽어 가는데 새 시대는 정말 아직 태어나지 않고 있다면, 새 시대의 분명한 특징이 하나라도 있는가? 레닌 Vladimir Lenin 은 이런 상황 속에 "혁명의 조건"이 배태되어 있다고 말했다. 구세대와 그들의 방식은 권위를 잃어 더 이상 지배할 수 없고, 신세대의 다수는 더 이상 이전처럼 지배당할 마음도 없다. 하지만 미래의 윤곽은 그것으로도 전혀 알 수 없다. 레닌은 일부러 자기에게 유리한 쪽으로 분석했고, 그와 동료 공산주의자들의 예언은 오류로 판명되었다. 그들의 정책도 재앙을 불렀다. 하지만 그들의 우매함은 우리에게 닥친 이런 순간의 더 깊은 위험을 예시해 준다. 먼 옛날 다니엘에게 주어진 경고처럼, 이런 시대일수록 과격파가 자생하기 쉽다. 그들은 스스로 비전을 만들어 성취하려 하지만, 결국 하나님과 진리의 대의를 욕되게 하고 완전히 실패할 뿐이다. 우리는 그런 실수를 반복해서는 안 된다. 충실성과 정통성은 결코 광적이 될 필요가 없다. 기독교 극단주의는 세속 극단주의나 이슬람교 극단주의보다 별로 나을 게 없다.

하늘이 다스린다 미래의 세상을 빚어 낼 세 가지 요인만은 확실히 말하고 싶다. 첫 번째는 거의 진부할 정도로 명확하다. 세상이 정말 지구촌이라는 사실이 미래의 세상을 빚어 낼 것이다. 전 세계의 다양한 추세와 도전이 전에 없이 서로 수렴하고 교류할 것이다. 진지한 그리스도인이라면 누구도 세계화의 현실과 도전을 무시할 수 없다.

두 번째 요인은 덜 명확하다. 전 세계의 기독교 교회가 그 온전함과 효율성을 회복할 것인지 여부가 미래의 세상을 빚어 낼 것이다. 아울러 교회가 예시하는 믿음이 문화적 예속에서 벗어나, 발전된 모더니즘advanced modernity이라는 조건하에서 승리할 수 있을지 여부도 중요하다. 문화가 정치를 좌우하듯이 종교는 늘 문화를 좌우하게 마련이다. 지구상에 존재하는 각양각색의 신앙처럼 기독교 신앙도 어떤 식으로든—충실함을 통해서든 실패를 통해서든—영향을 미치게 되어 있다.

여기서 잠시 내가 말하는 "발전된 모더니즘"의 의미를 밝혀 두고 싶다. 많은 사람이 "포스트모더니즘"을 말하고 일부는 "후기 모더니즘"을 말하는 이때에, 발전된 모더니즘이라는 용어의 뜻이 자명하지 않기 때문이다. 철학과 사상의 틀 안에서만 생각하는 사람들은 지금이 "포스트모던의" 세계라고 말할 것이다. 모더니즘의 사상이 포스트모더니즘의 사상으로 대폭 대체되었다는 의미에서 말이다.

사상이라는 좁은 틀 안에서만 보면 분명히 맞는 말이다. 그러나 부득이 사고의 틀을 넓혀 사상을 벗어나서 모더니즘의 전체 정신과 각종 시스템과 구조를 산업혁명과 세계화의 산물로 보고 그것까지 아우른다면, 포스트모더니즘이라는 용어는 그리 유용하지 못하다. 그런 관점에서라면 포스트모더니즘은 의미를 잃는다. 상상을 초월하는 대재앙을 제외하고는, 이런 광의의 모더니즘 너머의 세계를 가히 생각할 수 없기 때문이다.

비슷한 맥락에서 나는 "후기 모더니즘"보다 "발전된 모더니즘"이라는 말을 선호한다. 전자에는 우리에게 없는 명확성이

암시되어 있기 때문이다. 아무리 높은 데서 예리한 눈으로 본다 해도 우리 인간은 모더니즘의 무형적 시간표상에서 우리가 어디쯤 와 있는지 모를 수밖에 없다.

세 번째 요인은 미지의 영역이지만 가장 결정적이다. 역사의 흐름과 권력의 성쇠를 주관하시는 분은 하나님이다. 다니엘서가 우리에게 누누이 일깨워 주듯이 결국 "하늘이 다스린다."단4:26 하나님은 모든 권력의 궁극적 근원이다. 따라서 인간의 모든 권력은 파생적이고 유한하고 가변적이고 일시적이다. 모든 강대국은 반드시 끝이 있고 언제나 "그다음"으로 넘어간다. 느부갓네살과 바빌론, 페르시아, 그리스, 로마만 그런 게 아니라, 미국을 포함하여 현대의 모든 제국과 강대국과 초강대국도 다 마찬가지다. 하나님은 권력을 주시기도 하고 특히 교만한 자들로부터 권력을 거두시기도 한다. 우리에게 있는 것 중 받지 않은 것은 하나도 없다. 인간의 가장 고상하고 견고하고 오래가는 업적에도 옛 지혜는 어김없이 적용된다. "이 또한 지나가리라."

요컨대 결국 미래는 초강대국의 의제, 과학적 발견, 첨단기술의 발전, 환경의 재앙, 예견 못할 불시의 위기, 심지어 인간의 끝없는 우매함 등의 문제가 아니다. 미래의 결정적 요인은 미지의 영역이지만 확실하다. 미래는 하나님의 선하시고 능하신 손안에 있다.

새로운 기독교 르네상스　　　교회와 서구의 쌍둥이 위기에
　　　　　　　　　　　　　　대한 분석은 충분히 많이 나와
있다. 하지만 그동안 그런 분석 자체는 낙심과 두려움과 무력
감을 낳을 때가 너무 많았다. 병의 진단만 있고 치료법이 없을
때 낙담되고 맥이 빠지는 것과 같다. 오늘의 발전된 현대 세계
에 그리스도인이 참여할 수 있는 건설적인 종합 비전도 함께
필요하다. 그 비전을 빚어내는 것은 세태의 지혜가 아니라 하
나님과 기독교적 관점에 대한 믿음이어야 한다. 이 비전은 또
한 그리스도인들을 감화하여, 최선의 상황이 닥쳐오든 최악의
상황이 닥쳐오든 용감히 나아가 맞서게 할 수 있어야 한다.

현 상태의 결과는 하나님만이 아신다. 지금 우리가 지구촌
의 찬란한 새 아침을 향해 가고 있는지, 아니면 처칠이 같은
연설에서 경고했듯이 "왜곡된 과학 때문에 더 악해지고 어쩌
면 더 장기화된" 새로운 암흑기 속에서 W. B. 예이츠[Yeats]의 표
현대로 "베들레헴을 향해 어기적거리며 걷고" 있는지, 그것도
아니라면 중간 어디쯤에서 대충 헤매고 있는지, 오직 그분만
이 아신다.[10] 우리는 결과를 모르기에 지금의 오리무중 속에서
믿음으로 행해야 한다. 의문의 여지 없이 분명히 아는 사실은
우리가 "두려움 없는" 삶으로 부름받았으며, 따라서 현재 세
상을 지배하는 정서인 두려움에 빠져서는 안 된다는 것이다.
위기의 망령에 놀아나 향수나 절망에 굴해서도 안 된다.

그렇다면 우리는 어떻게 반응해야 할까? 긴박한 현 상황에서 우리가 전진할 최선의 길은 무엇인가? 예수를 따르는 사람들 사이에 많은 전통이 있다. 정교회, 가톨릭, 복음주의, 루터교, 개혁교회, 성공회, 재세례파, 오순절파는 서구의 주요 전통일 뿐이다. 하지만 지난 세대에 분명해진 중요한 사실이 있다. 각 전통의 충실한 정통파는 자기 전통의 자유주의 수정론자보다 다른 전통들의 충실한 정통파와 더 가깝다는 것이다. 다시 말해 우리 모두가 예수께 더 가까워질수록 한때 우리를 갈라놓던 명칭들의 중요성은 그만큼 반감된다.

그러므로 발전된 현대 세계에서 예수를 따르는 우리는 똑같은 도전에 직면해 있다. 내가 믿기로 그것은 다음과 같다. **우리는 하나님과 복음을 신뢰하며 담대히 세상 속으로 나아가 새로운 기독교 르네상스를 위해 살고 일하며, 그리하여 기독교 신앙의 소망으로 어둠에 맞서되 결과가 당장 우리 눈에 보이거나 또는 우리가 성취할 수 있는 모든 지평 너머에 있음을 믿는다.**

왜 하필 "르네상스"인가? 흔히 15세기의 유명한 르네상스는 기껏해야 기독교보다는 고전과 연관되고, 최악의 경우 복음과 교회를 대놓고 대적한 것으로 간주되는데 말이다. 그러나 전체 그림을 보면 그런 경직된 묘사보다 한결 풍성하다. 르네상스는 고전 학문의 무미건조한 회복보다 훨씬 그 이상이기 때문이다. 그것은 인간의 개성과 창의력과 아름다움과 지혜

와 본성 그리고 치국治國의 덕목을 풍성하게 재발견한 일이기
도 하다. 따라서 내가 말하는 새로운 기독교 르네상스의 전체
내용은 차차 밝혀질 것이다. 다만 처음부터 기억해 둘 몇 가지
간단한 요점이 있다.

첫째, 중세기의 르네상스 이전에도 여러 번 르네상스가 있
었다. 피터 다미안Peter Damian과 아시시의 프란체스코Francis of Assisi
의 개혁 운동 같은 이전의 르네상스들은 명백히 기독교적이고
철저히 영적이었다. 사실 역사가들은 기독교 세계의 도래 자
체를 "서구 르네상스의 시대"로 표현하면서 "본질상 그것이
새로운 세계 문화의 출생이기 때문"이라고 보았다.[11]

둘째, 마르틴 루터Martin Luther와 장 칼뱅John Calvin 같은 16세기의
위대한 종교개혁자들은 르네상스에 큰 빚을 졌으며, 중요할
정도로 그들 자신도 르네상스의 사람들이었다(예컨대 그들은 성
경을 해석할 때 중세의 우화 대신 언어와 역사를 중시했다).

셋째, 르네상스renaissance라는 프랑스어 단어는 단순하게는 "갱
생", "중생"을 뜻하지만, 그 가장 깊은 뿌리와 성취는 예수 자
신에게로 그리고 그분이 밤중에 니고데모와 나누신 대화로까
지 거슬러 올라간다. 중생은 본질적으로 기독교적 개념이다.

그러나 단어 자체는 중요하지 않다. 용어는 각자 선택하기
나름이다. 쇄신도 좋고, 개혁도 좋고, 회복도 좋고, 소생(부흥)
도 좋고, 유대교의 단순하고도 심오한 용어인 **돌이킴**도 좋다.

또는 르네상스도 좋다. 중요한 것은 이 운동을 하나님의 영이 이끄신다는 사실이다. 그러므로 하나님의 백성은 그분의 방식으로 다시 돌아가 우리 시대에 하나님 나라를 예시하되, 말뿐만 아니라 능력으로 해야 하고 또한 공동체로 표출될 수 있게 해야 한다. 윌리엄 윌버포스^{William Wilberforce}가 이런 기독교 르네상스의 핵심을 포착하여 ─ 마오쩌둥^{毛澤東}보다 오래전에 ─ "무수한 꽃이 피어나게 하라!"고 말했다.

이 책은 그에 관련된 주요 주제들을 논한 것이다. 전체를 종합하면 새로운 기독교 르네상스의 비전이 우리 시대의 긴박한 현실로 다가온다.

하늘의 높으신 왕이시며 시간과 역사를 주관하시는 주님, 우리에게 주님이 어떤 분이신지를 아는 지식이 넘쳐나게 하셔서 흔들림 없이 주님을 신뢰하게 하소서. 또한 우리가 살고 있는 이 시대의 표적을 충분히 분별하게 하소서. 그리하여 이 세대에 주님의 목적에 부합할 줄 알게 하시고, 오늘의 세상에서 더 참되게 주님의 백성이 되게 하소서. 오 주여, 그러기 위해 우리를 다시 소생시켜 주시고 주님께로 그리고 서로에게로 더 가까이 이끌어 주소서. 우리가 현 상태에 만족하는 잘못을 범하고 있다면 우리 안에 거룩한 불안을 심어 주소서. 낙심에 빠져 있다면 새로운 마음을 주시고, 절망이 있다면 주께서 우리의 소망이 되어 주소서. 주님을 위해 우리를 능하게 하셔서 세상의 빛과 소금으로 살게 하소서. 그리하여 주님의 샬롬으로 인간을 참으로 형통하게 하는 주님의 손발이 되게 하소서. 예수님의 이름으로 기도합니다. 아멘.

Questions

❶ 오늘날 서구 교회의 상태를 당신은 어떻게 평가하는가? 당신과 당신의 친구들은 전체적으로 고무되어 있는가, 아니면 낙심해 있는가? 그 이유는 무엇인가?

❷ 당신이 사람들에게서 "차이를 낳는다", "세상을 변화시킨다"와 같은 말을 들을 때 그것은 진부한 상투어인가, 아니면 그들이 그 방법을 알고 있어서 그렇게 말할 수 있는가?

❸ 당신이 활동하는 진영에서 소생(부흥)이나 개혁 같은 단어에 스며든 부정적 뉘앙스는 무엇인가? 쇄신, 각성, 소생, 개혁, 르네상스 같은 용어의 장단점을 쭉 적어 보라. 당신이 선호하는 용어는 무엇이며 왜 그런가? 그 비전을 가진 지도자로 당신이 존경하는 사람들은 누구인가?

2. 전 세계적인 대과업

세계화 시대는 사도 시대 이후로 기독교 교회의 가장 중요한 기회이자 도전이다.

기회는 기독교 교회가 세계 최초의 세계 종교라는 단순한 사실에 있다. 도전은 네로Nero와 디오클레티아누스Diocletian로부터 히틀러, 스탈린, 마오쩌둥, 오늘의 잡다한 폭군에 이르기까지 기독교 역사상의 모든 박해자보다 모더니즘—산업혁명 이후로 부상한 세계의 정신과 시스템과 구조—이 기독교 신앙에 더 큰 해를 입혔다는 똑같이 단순한 사실에 있다. 사실 모더니즘의 각종 유혹과 왜곡이야말로 서구 세계의 교회가 초라한 난맥상에 빠진 핵심 원인이다.

그러므로 기독교 교회는 세계화 시대의 역사적 순간을 눈앞에 두고 있다. 서구 교회의 위상을 우리는 중대한 부분으로 보아야 한다. 현대 세계의 교회라는 훨씬 큰 그림에서 보면 작은 부분에 지나지 않지만 말이다.

우리가 이 시대를 세계화 시대라 부르는 것은 당연한 일이다. 세상이 경험하고 있는 일이 **글로벌로니**(세계화global와 헛소리baloney의 합성어—옮긴이)globaloney와는 거리가 멀기 때문이다. 일부 비판자들은 그 단어로 세계화를 일축하며 비웃는다. 물론 세계화를 말할 때는 그와 상반되는 흐름도 늘 함께 거론해야 한다. "글로벌"global과 "로컬"local은 물론 "글로컬"glocal까지 세상에 공존하고 있기 때문이다. 예컨대 유럽연합은 현대에 출현한 세계 최초의 진정한 초국가적 대륙이지만, 동시에 스코틀랜드와 바스크에는 각각 영국과 스페인으로부터 독립하기 원하는 사람들이 많이 있다.

게다가 세계화 자체는 새로운 일이 아니므로 우리가 주장하는 오늘의 새로운 부분이 정확히 무엇인지 밝혀야 한다. 세계화의 물결은 이전의 역사에도 많이 있었다. 그중 좀 더 한정된 작은 물결의 중요한 예로는 종교적 포교(복음의 전파, 불교, 이슬람교), 군사적 정복(칭기즈 칸, 알렉산더 대제, 줄리어스 시저, 나폴레옹), 탐험의 항해, 무역과 기업 제국의 끊임없는 팽창 등이 있다.

이 모든 운동이 각자의 때에 각자의 방식대로 세상을 "세계화"했으나, 우리 시대에 와서 그 추진력에 급속히 가속도가 붙고 있다. 2백 년 전에 시작된 산업혁명은 여태 가까이 접촉한 적이 없던 지구상의 큰 부분을 서로 연결시키고 변화시켰다는 점에서 세계화의 거대한 새 물결이었다. 그런데 이제 그 엄청난 물결마저도 최신의 더 큰 물결에 밀려났으니, 그것은 바로 첨단기술 통신을 통한 세계화의 위력이다.

이 최신의 물결에 근거하여 진정한 세계화 시대가 밝았다고 말할 수 있다. 이른바 "세계화"의 증거를 거의 어디서나 볼 수 있다. 간단명료하게 정의하자면, **세계화란 인간의 상호 연결이 진정 세계적 수준에 도달하는 과정이다.** 세계화의 새로운 잠재력을 개발하는 선두 주자는 단연 시장자본주의이지만, 진정한 배후의 동인은 정보기술이다. 특히 현재의 세계화 물결은 정보기술의 속도,^{speed} 규모,^{scale} 동시성^{simultaneity}이라는 "3S 세력"을 통해 돌진하고 있다.

말할 것도 없이 세계화는 우리의 일상생활에 훨씬 더 구체적인 방식으로 다가온다. 그 위력을 요즘 흔히 나도는 숱한 구호에서 짚어 낼 수 있다. "이제 모든 사람이 모든 곳에 있다", "우리는 모든 일을 실시간에 보는 첫 세대다", "모든 것이 상호 연결되어 있되 책임자는 아무도 없다", "세상 어디서든 24시간 내에 다른 모든 곳에 도달할 수 있다." 그 밖에도 많이 있다.

전 세계가 유례없이 전 세계를 의식하고 있다 보니, 인류의 미래에 중대한 영향을 미칠 유례없는 도전에 부딪쳐 있다. 바로 이런 비상한 순간에 기독교 교회는 세계 최초의 진정한 세계 종교로 부상해 있다.

기독교 교회가 세계 최초의 진정한 세계 종교라는 주장은 값싼 승리주의가 아니라 엄연한 사실이다. 불교와 이슬람교 같은 다른 진정한 세계 종교도 있다. 그러나 지구상의 어떤 종교보다도 나사렛 예수의 추종자가 가장 많다. 교회는 지상에서 가장 다양성이 큰 공동체이고, 성경은 인류 역사상 가장 많이 번역되었고 또 번역될 수 있는 책이며, 지역교회는 온 세상에서 가장 많은 사회복지 기관이다. 세상의 많은 지역에서 기독교 신앙은 가장 빠르게 성장하는(또한 가장 박해를 많이 받는) 신앙이며, 그 성장도 단순히 출생률이 아닌 회심을 통한 것이다. 다시 말하지만, 이 모두가 인류의 미래에 중대한 의미를 지닌 바로 이 시대에 그렇다는 것이다.

그중 어떤 사실도 우연이 아니다. 우선 기독교 신앙과 그것의 발원지인 유대교 신앙은 둘 다 유전자 부호 속에 세계화의 비전을 품고 있다. 세계화라는 단어가 있기도 전부터 이 두 신앙은 세계적이었고 세계화를 수행했다. 아브라함의 첫 소명에 내포된 인류 보편성은 유대교와 기독교의 역사에 면면히 울려 퍼진다. "땅의 모든 족속이 너로 말미암아 복을 얻을 것이라."

^{창 12:3} 그리스도인의 경우, 인류 보편성은 예수께서 제자들에게 주신 지상명령을 통해 필연적 사명으로 굳어졌다. 그리스도인들은 온 세상을 다니며 모든 민족을 제자로 삼으라는 명령을 받았다.^{마 28:19}

아울러 역사 기록에서 보듯이, 기독교 신앙은 서구 세계의 주도적 신앙이었고 따라서 현대식 세계화의 주된 수행자였다. 차차 보겠지만 서구 문명을 규정짓는 특징의 다수는 기독교 신앙의 직접적 또는 간접적 "선물"이다. 요컨대 복음과 모더니즘은 짝을 이루어 세상으로 퍼져 나갔고, 그 결과는 좋을 때도 있고 나쁠 때도 있었다. 물론 우리 시대의 주요한 세계화 세력―자본주의, 과학, 첨단기술―은 이제 다분히 자체적 정당성을 지니고 독자적으로 존립한다. 하지만 오늘의 세계에서도 많은 사람들이 모더니즘을 처음 접하는 통로는 코카콜라, 맥도널드, 애플, 나이키, 스타벅스 등의 기업 제품이 아니라 월드비전, 국제 컴패션, 오퍼튜니티 인터내셔널 같은 영향력 있는 기독교 비영리단체다.

요컨대 세계적 차원에서 내다보는 기독교 교회의 전망은 단지 서구의 전망과는 전혀 다르며, 훨씬 더 고무적이다. 바로 이런 의미에서 세계화 시대는 사도 시대 이후로 교회의 가장 큰 기회이자, 또한 사도 시대 이후로 교회의 가장 큰 도전이라고 진심으로 말할 수 있다. 기회는 새로운 매체와 첨단기술을 통해 복음 전파의 문이 활짝 열려 있다는 사실에서 비롯된다. 주후 1세기에 그리스어와 로마의 도로망 덕분에 기독교의 메시지를 전파하기가 용이했다면, 우리 시대에는 첨단기술이 그 역할을 한다. 도전은 대부분의 교회 성장이 아직 대체로 모더니즘 이전인 지역에서 이루어지고 있다는 사실에 있다. 반면 대부분의 교회 문제는 발전된 현대 세계, 특히 서구의 문화적 예속에 기인한다.

누구든지 이런 상황의 중대한 의미를 숙고하노라면, 세계 교회가 21세기에 수행해 나가야 할 세 가지 주된 과업이 부각된다. 그것은 곧 남반구를 준비시키는 일, 서구 세계를 되찾는 일, 인류의 미래에 기여하는 일이다. 물론 이런 과업은 서구 세계의 기독교 르네상스라는 직접적 이슈보다 훨씬 범위가 넓다. 하지만 세계 어느 곳의 어떤 일도 다른 곳의 더 폭넓은 도전을 감히 무시할 수 없는 것이 세계화 시대의 불가피한 특징이다. 그러므로 서구의 좀 더 지역적인 이슈와 도전을 생각할 때도 이 세 가지 전 세계적인 과업이 우리 사고의 지평을 이루어야 한다.

남반구를 준비시키는 일　　　세계 교회의 첫 번째 대과업은 개발과 현대화에 수반되는 여러 도전에 잘 맞서도록 남반구의 준비를 돕는 일이다.

남반구의 기독교 교회의 경이적 성장은 우리 시대의 위대한 이야기 중 하나로 잘 기록되고 널리 알려져 있다. 필립 젠킨스 Philip Jenkins의 『신의 미래』*The Next Christendom*와 마크 놀Mark Noll의 『복음주의와 세계 기독교의 형성』*The New Shape of World Christianity*이 좋은 예다. 이런 기록은 대부분 사하라 이남의 아프리카와 아시아 특히 중국에서 기독교가 확산된 데 초점을 맞추고 있다. 예컨대 중국 중북부의 허난河南 성에서 사방으로 퍼져 나간 교회 성장은 2천 년 역사상 기독교 교회의 가장 빠른 성장이라 한다. 또 중국에는 공산당원보다 그리스도인이 더 많다고 널리 알려져 있다. 데이비드 마틴David Martin과 피터 버거Peter Berger는 남미 특히 브라질 내 오순절파와 복음주의의 성장을 주시했는데, 덜 주목받기는 했지만 이 또한 똑같이 경이로운 일이다.

이런 기록은 정확하며 매우 고무적이다. 서구 교회의 초라한 상태에 대비하면 특히 더하다. 그러나 일부 기록에 한 가지 요인이 빠져 있어 무턱대고 좋아하기에는 씁쓸한 뒷맛을 느끼게 한다. **남반구 교회는 다분히 모더니즘 이전의 상태인 반면, 서구 교회가 초라해진 것은 다분히 모더니즘의 왜곡의 위력에 굴복한 결과다.** 다시 말해 남반구 교회의 본격적 도전은 아직 오지 않았다. 하지만 반드시 올 것이다. 따라서 '그들이 그 도전에 맞설 준비가 되어 있는가'라는 의문이 제기된다.

현재로서는 솔직히 아니라고 답할 수밖에 없다. 현지 지도자들도 인정하다시피 남반구의 기독교 신앙의 성장은 (아프리카의 한 대주교의 표현으로) "너비는 1마일인데 깊이는 1인치"일 때가 많다. 전도는 폭발적인데 충분한 가르침과 제자훈련이 뒤따르지 못했다. 아프리카의 또 다른 주교가 내게 말했듯이 그 결과는 이렇다. "우리 교인들은 문제가 생기면 기독교를 믿기 전의 행습으로 돌아간다. 아내가 아기를 낳지 못하면 남편은 주술사를 찾거나 두세 번째 아내를 얻는다."

중국의 한 가정 교회 목사도 비슷하게 말했다. "기도가 하나만 응답되지 않아도 많은 교인들이 교회를 떠나 불교나 정령 숭배로 돌아가 문제를 해결하려 한다." 마오쩌둥 같은 압제자들의 야만적 박해 공세에 당당히 맞선 그리스도인들의 영웅적 용기는 안일에 젖어 안락만 찾는 서구 그리스도인들을 부끄럽게 했다. 그러나 모더니즘의 도전을 물리치기란 더 어려운 일이며, 그래서 많은 그리스도인들이 중국의 시골 지역에서 베이징이나 상하이 같은 혼잡하고 번화한 대도시로 이주하면 신앙을 버리는 경향이 있다.

그렇다면 발전된 현대 세계의 그리스도인들은 우리가 겪은 모더니즘의 이야기를 아직 모더니즘의 본격적 영향권에 들지 않은 남반구의 형제자매들에게 들려줄 의무가 있다. 모더니즘의 전반적 도전은 "제 무덤 파기" 이론[gravedigger thesis]에 잘 압축되어 있다. 현대 세계를 태동시킨 가장 강력한 사상적 발원지는 단연 서구 교회인데, 그 서구 교회가 자신이 배출한 세계에 문화적으로 예속되었다. 그 과정에서 서구 교회는 제 무덤을 팠다.[1]

밖으로 나가 그렇게 조언하도록 서구 그리스도인들에게 권하기란 말처럼 쉽지 않다. 대다수 서구 그리스도인은 자신이 모더니즘의 세력에 예속되어 있음을 분석은 고사하고 아직 인식조차 못하고 있기 때문이다. 그래서 서구 그리스도인들이 남반구의 동료 신자들에게 말할 때는 진정한 겸손과 솔직한 고백이 수반되어야 한다. 우리가 다른 지역의 동료 그리스도인들에게 해야 할 말은 사실상 이것이다. "당신들은 우리가 범한 과오를 범하지 말라. 이 부분에서 우리는 처참히 실패하여 주님을 배반했다."

현대 세계는 서구 교회를 자신의 틀 속에 욱여넣었고, 결과적으로 서구 교회는 점점 세속화되어 결정적인 온전함과 효율성을 잃었다. 여기서 그것을 자세히 설명할 수는 없다. 다른 사람들처럼 나도 지난 40년 동안 여러 다른 방식으로 그런 분석을 시도했으며, 가장 최근에는 『악마의 비밀문서를 훔치다』 *The Last Christian on Earth* 를 펴냈다. 하지만 여기서 간략히 짚고 넘어갈 게 있다. 발전된 현대 세계의 교회에 닥쳐온 위기를 분석할 때 우리는 그 핵심으로 모더니즘이 불러온 다음과 같은 결과를 인식해야 한다. 즉 모더니즘은 교회를 통합된 신앙에서 분열

된 신앙으로, 권위 아래의 자리에서 취사선택의 자리로, 초자
연적 현실관에서 순전히 세속적 관점으로 바꾸어 놓았다.

중요한 것은 그 결과다. 성 바울의 유명한 표현을 빌려, 오늘
의 서구 교회는 대체로 변화를 받기보다 이 세대를 본받았다.^롬
12:2 또 월터 로리^{Walter Lowrie}가 키에르케고르의 『기독교 세계를
향한 비판』^{Attack upon Christendom}의 서문에 썼듯이, "교회 안에 세상
이 있으면 세상은 세상을 박해하지 않는다."[2] 이런 비판을 중
심으로 오늘의 교회와 신학을 기술한 예리한 기독교 저술가
들이 있는데, 그중 신학자 데이비드 웰스^{David Wells}가 돋보인다.[3]
말할 것도 없이 모더니즘의 지배력에 대한 이런 교훈은 결코
한 문화에서 다른 문화로 기계적으로 이식될 수 없다. 남반구
의 현대화는 그 시기 못지않게 방식도 독자적이어서 예컨대
증기기관차가 아니라 휴대전화로 시작된다. 당연히 그 양상이
독특하여 서구의 경험과는 사뭇 다를 것이다.

서구의 세속성 중 일부 최악의 형태는 만연한 개인주의와
소비지상주의처럼 명확하며, 그중 더러는 이미 남반구에 치
명적 해를 입히고 있다. 가장 극악한 것은 미국식 기복신앙을
통한 복음의 변질이다. 이런 신앙은 만사형통의 교리를 내세
워 순진한 빈민을 악하게 착취한다. 이렇게 파렴치하게 복음
을 왜곡하는 논리와 역동은 복술과 비슷할 뿐 아니라 그와 똑
같이 비참하고 터무니없다. 그러나 전 세계의 그리스도인들

은 좀 더 은근한 형태의 세속성도 경계해야 한다. 그런 것들은 눈에 덜 띄고 좀처럼 분석되는 일도 없다. 예컨대 현대 세계의 제반 특성에서 비롯되는 문제들만도 종류가 엄청나게 많다. 그런 특성들이 우리의 사고를 주무르고 그리스도인의 생각을 뒤틀어 놓는 방식은 복음에 어긋나는데도 덜 명확하다.

물론 대다수 서구 그리스도인은 신흥 무신론이나 상대론 같은 명백한 지성적 위협에 건강하게 저항한다. 이런 도전은 공공연하고 명시적이라서 놓치기 어렵다(그래도 똑같은 우려를 자아내야 할 미묘한 혼합주의에는 덜 조심하는 사람이 많다). 하지만 우리는 좀 더 은근한 형태의 다른 위험한 흐름들에는 대체로 덜 주목한다. 예컨대 모더니즘은 여론, 숫자, 수량, 계산에 유행처럼 집착한다. 대다수 그리스도인들이 이 문제에 대해 별 생각이 없으나 사실은 훨씬 많은 생각이 요구된다. 신앙의 핵심 사안들과 직결되기 때문이다.

엘리야와 이사야 같은 선지자들은 이스라엘을 향해 세 가지 본질적 질문을 거듭 제시했다. 당신들은 누구를 예배하는가?(하나님인가 신들인가?) 당신들이 신뢰하는 대상은 누구 또는 무엇인가?(하나님인가 강대국과 군사력인가?) 당신들은 이 시대에 하나님을 어떻게 섬길 것인가?(권력을 통해 섬길 것인가, 아니면 연약함 중에도 하나님을 의지하여 섬길 것인가?) 이스라엘은 인구조사에 의지하는 등 이런 질문에 잘못 답하여 재앙을 자초했다.

우리도 똑같은 과오를 범할 위험에 처해 있다. 물론 우주를 이해하고 질서를 유지하려면 숫자도 중요하지만, 그래도 도가 지나쳐서는 안 된다. 그런데 오늘 우리는 숫자의 횡포에 놀아나고 있다. 여기에 도전이 필요하다. 우리가 엉뚱하게 숫자와 그것이 약속하는 가공의 정복과 통제를 의지하고 있기 때문이다.

현대 세계에서 계산을 통한 관리는 진보를 이루어 내는 황금 길이 되었다. 마이클 블룸버그$^{Michael\ Bloomberg}$는 뉴욕 시장 시절에 최고의 계산적 인간으로서 통치했다. 그는 매사를 목표치와 척도와 채점표와 예측 모델의 관점에서 보았고, 우스갯소리로 "우리가 하나님을 믿을 때(In God we trust, 미국의 지폐에 적혀 있는 문구—옮긴이) 남들은 다 계산하고 있다"고 말한 적도 있다.

물론 숫자의 정확한 속성에는 의문의 여지가 없다. 하지만 숫자는 매번 실제보다 더 정확한 듯한 환상을 자아낸다. 어찌나 심한지 하나님을 신뢰하거나 아예 그분을 변수로 고려할 필요조차 없을 정도다. 우리 힘으로 해나갈 수 있다는 것이다. 예수와 토라는 우리가 떡으로만 살 수 없다고 했건만 이제 그것도 가능하다. 심지어 우리는 과학으로만, 첨단기술로만, 계산을 통한 관리로만 살 수도 있다.

현대 세계를 주도하는 미국 사회에는 숫자, 계산, 통계, 여론조사, 설문지, 목표치, 원그래프, 채점표, 자료 분석, 게임 이론, 측정 가능한 결과 등이 넘쳐난다. 이 모두가 진, 선, 미, 믿음, 의미 그리고 하나님을 희생시킨 결과다. 그러므로 숫자와 광적인 계산은 세속화의 아주 중요한 요소다. 성경이 보여주는 통계와 자만심의 상관관계는 유대교와 기독교에 중요한 것이며, 우리를 태동시킨 명령에는 "다수[군중, 무리]를 따라 악을 행하지" 말라는 시내 산의 권고가 들어 있다.출 23:2 우리는 분리되고 구별된 백성으로 부름받았다. 넓은 길이 아니라 좁은 길로 가라는 부름이다. 예수를 따르는 사람들은 결코 인간의 소리를 하나님의 음성으로 들어서는 안 된다.

19세기의 사상가들은 숫자와 수량과 다수 의견의 지배력이 부상할 것을 예견하고 경고했다. 그들은 이것을 민주주의 과반수 시대의 과잉 결과이자 기술관료주의적 합리론의 승리로 간주했다. 이를 통해 모든 것이 숫자로 축소되고, 숫자가 클수록 가치도 크게 여겨진다는 것이다. 그러면 무엇이든 숫자를 통해 설명하려는 허황한 개념이 조장되고, 진리와 선을 희생시켜 숫자에 위험한 권위를 부여하게 되며, 결국 국가가 괴물처럼 강해져 재난을 초래한다(만인과 만사를 조정하고 관리할 만큼 "크고 똑똑한" 것이 정부 말고 또 무엇이겠는가?).

알렉시 드 토크빌Alexis de Tocqueville은 1830년대에 "미국의 다수는 사고 과정의 둘레에 난공불락의 담을 쌓는다"고 썼다.4 소설가 제임스 페니모어 쿠퍼^{James Fennimore Cooper}는 미국인인데도 "여론으로 법을 대체하는 것은 민주주의의 고질적 악이다"라고 썼다.[5] 철학자 존 스튜어트 밀^{John Stuart Mill}은 "이런 지성적 위무^{慰撫}의 대가로 인간 지성의 도덕적 용기가 모두 희생된다"고 경고했다.[6] 키에르케고르는 일기에 "수학적 평등을 지향하는 것이 오늘의 추세다"라고 썼다.[7] 역사가 제이콥 버크하르트^{Jacob Burckhardt}는 1866년에 이렇게 풍자했다. "더 심각하게 모든 작은 것에 대한 철저한 절망이 계속 깊어지고 있다. 자국의 인구가 최소한 3천만이 안 되는 사람은 누구나 '오 주여, 도우소서. 우리가 물에 빠져 가나이다'라고 부르짖는다."[8]

히브리의 선지자들에게 결정적인 것은 민심이 아니라 "여호와의 말씀이니라"였다. 사실 예술, 과학, 영적 성장 등 어느 분야에서든 진리와 아름다움과 탁월함을 추구할 때 대중이나 평범한 부부가 기준이 된 적은 거의 없다. 오히려 그런 추구는 소수의 매우 뛰어난 사람들―위대한 스승, 모범적 영웅, 비범한 성인^{聖人} 등―의 수준을 지향한다. 관대한 후원자가 일에 크게 기여하는 경우도 많았다. 하지만 당대의 무리 중에 위대한 스승, 훌륭한 모범, 관대한 후원자는 극소수였다. 진리와 아름다움과 탁월함과 영적 성장을 중시하는 사람들은 굳이 다수나 과반수의 비위를 맞추지 않으며, 그들의 성취는 모든 수량화를 거부한다. 쇠렌 키에르케고르가 단언했듯이 군중은 "허위"

이고 "대중은 환상"일 때가 비일비재하다.[9] 스토아 철학자 세네카Seneca는 더 노골적으로 "나는 대중의 호감을 사려 한 적이 없다. 나는 대중이 원하는 것을 무시하고 대중은 내가 아는 것을 모른다"고 썼고,[10] 훗날 폴란드의 위대한 과학자 코페르니쿠스Nicolaus Copernicus도 그 말에 찬동했다.

숫자의 횡포가 19세기에도 명백한 위험이었다면 오늘날에는 얼마나 더한가. 이 시대는 숫자가 천문학적이고 정보는 정말로 즉시적이며, SNS의 과잉 활동은 끊임없는 시대다. 인터넷은 해석되지 않은 정보와 감정을 날것 그대로 폭포수처럼 쏟아 낸다. 쉬지 않고 굉음을 울리며 시시각각 세차게 퍼붓는 그 물줄기에 우리는 아예 익사할 지경이다. 이 모두의 의미를 진지하게 숙고하고 능숙하게 분별하기는 고사하고 제대로 생각이라도 할 수 있는 사람이 누가 있는가?

그러니 그냥 포기하고 시류에 편승하고 싶을 만도 하다. 군중에 휩쓸려 최고를 버리고 최다를 뒤쫓으려는 유혹이 든다. 의미 있는 일을 망각하고 이목을 끄는 일에 파묻히기가 너무 쉽다. 이런 과오를 범하는 사람은 급한 일 때문에 중요한 일을 놓치고, 하나님의 권위보다 대중의 인정에 주파수를 맞춘다. 그들은 여론을 평가하는 게 아니라 여론의 숫자를 센다. 그들이 탐하는 인정은 소위 유행, 멋, 시의성, 나아가 가장 영향력 있는 백인 중 하나, 신흥 다수의 일원 등이다. 하지만 무엇이든 지금 이 순간에 유행인 것을 쭉 한번 읽어 보라. 자신이 결코 "유행에 뒤지지 않게" 해달라고 쉬지 않고 늘 기도해야 할 것이다. 그러지 않으면 자칫 "역사의 변방"으로 밀려날 수 있다.

숫자의 우상화의 경우, 진지하고 과학적으로 엄격한 기독교 재단들은 설상가상으로 자신들에게 제출될 모든 연구와 계획과 전망에 대해 우리에게 "측정 가능한 결과"를 요구하고 강요한다. 하지만 바라는 결과는 대개 수량화되기 힘들며 적어도 일을 진행하기 전에는 아니다. 그러니 지원서에 대담한 추정이나 희망적 관측이나 순전한 허구를 써 넣을 수밖에 없을 때도 있다. 요컨대 그들의 어김없는 권고와 축복 앞에서 우리는 그들을 속이든지 자신을 속이든지 해야 한다. 재정 지원을 얻어 내려면 그들의 시스템을 악용하여 거짓말하는 기술에 단련되어야 한다. 하지만 이 모두는 성령의 인도와 무슨 관계가 있는가?

모든 시대는 자기 시대의 유행에 속는다. 이제 우리는 여론과 숫자라는 현대의 우상숭배를 그리스도인의 확고한 사고에 복종시켜야 한다. 하나님의 형상대로 지음받은 인간은 우리를 구성하는 세포의 화학작용 이상이다. 따라서 우리는 전능한 컴퓨터의 부속품 이상이다. 섣부른 취향이나 순간적 기분이나 뻔뻔한 욕망을 진리에 대한 진지한 관심보다 앞세우는 사람이 있다면 당연히 우리는 그를 비웃을 것이다. 그런데 왜 우리는 여론조사에 허리를 굽히는가? 여론조사란 다분히 감정을 정확한 과학적 통계로 수집하여 거창한 숫자의 원광圓光을 둘러씌운 것에 지나지 않는데 말이다.

숫자를 떠받드는 추세를 하나님과의 관계에 비추어 생각해 보라. 계산은 질이 아니라 양을 따지므로 계산으로 측정되는 것은 관계가 아니라 행위다. 계산으로는 종교의 외형만 알 수 있을 뿐 마음은 전혀 알 길이 없다. 예컨대 남편이 올해 밸런타인데이에 아내에게 준 카드와 선물에 돈을 얼마나 썼는지는 계산으로 알 수 있지만, 그 카드와 선물이 사랑의 표현인지 아니면 아내를 이전처럼 사랑하지 않는 데 대한 죄책감의 표현인지는 계산으로 알 수 없다.

마찬가지로 솔로몬의 성전에 제물로 바쳐진 양과 소의 수는 세서 기록할 수 있고 실제로 기록되었지만, 무엇 때문에 하나님이 그것을 역겨워하셨는지는 계산으로 알 수 없다. 교회에 나가는 횟수, 성경 읽기의 규칙성, 십일조의 정확한 액수도 숫자로 표시할 수 있지만, 그 모두의 진정성은 계산으로 측정이 안 된다. 선지자들이 질타했던 "시끄러운 성회"보다 그것들이 조금이라도 더 나은지 여부도 알 수 없다.

숫자를 떠받드는 추세를 이번에는 원죄의 관점에서 생각해 보라. 분명히 모든 민주 국가의 "우리"도 모든 독재자의 "나" 못지않게, 어쩌면 그 이상으로 타락할 수 있다. 한때 이것은 일인이나 소수의 "자기중심"에 대비하여 다수의 "집단중심"이라 불렸으나 타락하기 쉽기는 마찬가지다. 대중민주주의가 "민주"라는 왕의 교묘한 신종 폭정과 숫자 정권으로 퇴화하기를 원하지 않는다면, 우리가 이런 추세를 인식하고 저항해야 한다. 어떤 행위든 다수의 지지로 합법화를 거쳐 규범으로 뒤바뀔 수 있으나, 다수 의견이 그것을 옳게 여긴다는 이유만으로 우리가 하나님의 말씀에 근거하여 분명히 알고 있는 불의를 재평가해야 하는 것은 결코 아니다. 천만 명의 무지한 주장을 합해도 결코 진리나 지혜나 의나 선이 되지는 않는다. 1억 명이 페이스북과 트위터로 그것을 키워서 퍼뜨린다 해도 마찬가지다.

물론 여기서 중요한 것은 민주주의에 닥친 위험이 아니라 교회에 닥친 위험이다. 그러므로 우리는 그런 세속적 사고의 전반적 피해를 추적할 필요가 있다. 그런 사고가 길러 내는 그리스도인은 질보다 양을, 내면의 실체보다 외형을, 관계보다 행위를, 깊은 것보다 얄팍한 것을, 제자도와 성품의 성장보다 결신자의 숫자로 표시되는 전도를, 성경보다 인기 집단을, 원칙보다 대중성을 중시한다. 또한 수직적 권위보다 수평적 압력에 더 민감하다. 일부 그리스도인은 블룸버그 시장의 말을 이렇게 뒤집었다. "우리는 계산을 믿을 테니, 나머지는 하나님을 믿고 어떻게든 헤쳐 나가 보라." 언제나 "여호와의 말씀이니라"가 "이제 51퍼센트가 이렇게 믿는다"를 이겨야 한다. 그런데 숫자를 우상화하는 현실 때문에 그리스도인은 가상 시대의 대중 선동가들에게 취약해진다. 그들은 몇 분 만에 수백만의 지지를 끌어모을 수 있는 첨단기술의 귀재들이다(이것은 성혁명이 지난 2천 년 동안 서구 문명을 형성해 온 유대교와 기독교 신앙을 순식간에 이긴 격변에서 매우 중대한 요인이다). 그 결과 교회는 성공과 충실성의 차이를 분별하지 못하고, 현재의 트렌드에 강경히 맞서기를 주저하며, 위험을 무릅쓰고 소수 입장에서기를 두려워하고, 결과와 무관하게 외로이 진리와 탁월함을 추구하는 모험을 꺼린다. 한마디로 교회가 지독히 나약해진 것은 세속화되었기 때문이다. 아타나시우스Athanasius가 역사의 변방으로 밀려났듯이, "세상에 맞선" 그의 용기도 오늘의 세계에서 비웃음을 당할 것이다.

물론 일각에서는 이를 우매하고 고지식한 말이라 일축할 것이다. 숫자의 신과학보다 더 자명한 것이 무엇이겠는가? 이런 식의 세속성은 당연히 교묘하지만, 그것이 교묘하든 조잡하든 우리의 우호적 경고의 목표는 분명하다. 남반구 전역의 그리스도의 교회는 모든 세속성을 물리쳐야 한다. 예수와 그분의 나라에 순수하고 지혜롭게 충성하는 가운데 향후의 모더니즘에 대응해야 한다. 동시에 발전된 모더니즘의 모든 이슈와 도전에 참여할 준비가 되어 있어야 한다. 두려움 없는 철저한 준비가 필요하다. 장차 그리스도의 모든 교회는 온전히 충성하며 현대 세계에 온전히 참여할 것인가? 서구 문화가 보기 좋게 실패한 자리에서 남반구의 교회는 하나님의 은혜로 성공할 수 있다. 그리하여 전체 기독교 교회에 전진의 길을 가리켜 보일 수 있다.

서구 세계를 되찾는 일   세계 교회의 두 번째 대과업은 서구 세계를 다시 예수께로 되돌리는 일이다.

우선 오해가 있어서는 안 된다. 서구의 지배력이 쇠퇴하는 이 시대에, 서구 세계를 다시 예수께로 되돌리는 일은 결코 서구 중심주의가 아니다. 앞서 말했듯이 지금 나는 서구 문명을 주창하거나 오도된 문화 전쟁을 부르짖는 게 아니다. 마치 우리의 쇠퇴에 대한 해답이 정치에 있다는 듯이 말이다. 서구의 온갖 죄는 너무도 명확하다. 하지만 중요한 것은 하나님의 선민인 이스라엘을 제외하고는 모든 민족과 모든 세대와 모든 문화와 모든 나라가 하나님의 마음에 똑같이 가깝고 소중하다는 사실이다. 따라서 서구라고 다른 어떤 문화보다 우선시되지 않는다.

서구인이 힘써 서구를 되찾을 의무가 있음은, 단순히 여기가 우리의 "예루살렘"이기 때문이다. 예수를 따르는 모든 세대는 "땅 끝까지" 나갈 뿐만 아니라 각자의 예루살렘에서부터 지상명령에 순종해야 한다. 서구의 그리스도인들에게 한국이나 케냐 같은 나라는 "땅 끝"이다. 우리가 그들에게 땅 끝인 것과 같다. 그러나 서구는 우리의 예루살렘이고 본거지이며 넓은 세상을 구성하는 여러 동심원의 핵이다. 그러므로 우리는 땅 끝뿐 아니라 예루살렘으로 가도록 부름받았다.

말할 것도 없이 이 선교는 서구를 향한 제3의 선교다. 우리는 이전에 서구 세계를 결정적으로 바꾸어 놓은 두 차례 선교의 후예다. 서구를 향한 제1의 선교는 **로마 제국의 회심**을 중심으로 이루어졌다. 이 선교는 잘 알려져 있다. 로마의 눈에 모난 촌뜨기들로 비친 한 무리가 성장하고 성장하여 마침내 그들의 신앙이 막강한 로마 자체의 신앙을 몰아낸 비범한 이야기다(황제 율리아누스는 그것을 막으려다 실패한 뒤에 "갈릴리 사람이여, 그대가 이겼노라!"고 자인했다).

그러나 5세기에 서로마 제국이 무너질 때 서구 교회도 대대적으로 함께 무너졌다. 그래서 서구를 향한 제2의 선교는 **야만 왕국들의 회심**을 중심으로 이루어졌다.[11] 시대적 배경은 중세의 암흑기인 5-10세기로, 부족국가 시대여서 부족 간의 충돌이 잦았다. 로마가 회심한 이야기보다 덜 알려져 있지만 이 이야기도 어느 모로 보나 똑같이 훌륭하다. 우선 이로써 유럽인이 "점잖아진" 것은 유명한 일이다. 예수의 십자가는 시인

하인리히 하이네[Heinrich Heine]의 표현으로 "길들이는 액막이"가 되어 켈트족, 고트족, 서고트족, 프랑크족, 바이킹족 같은 야만인의 "광포한 격노"를 가라앉혔다.

스켈리그 마이클[Skellig Michael]을 비롯한 유사한 공동체들의 이야기도 제2의 선교에서 빼놓을 수 없다. 스켈리그 마이클은 풍랑이 거센 대서양의 바위섬으로, 아일랜드 서해안에서 13킬로미터쯤 떨어져 있다. 6세기 동안 일부 교회는 거기서 가까스로 신앙을 지켰다. 그들에게는 거기가 땅 끝이었고 그때가 종말이었다. "문명을 구한 아일랜드인"의 이야기도 물론 제2의 선교에 포함되는데, 그 짧고도 찬란한 시간을 토머스 카힐[Thomas Cahill]이 같은 제목의 책에 담아 냈다. 그때 성 콜롬바누스[Columbanus]를 위시한 여러 선교사들이 에메랄드 섬에서 유럽 전역으로 퍼져 나갔다. 지금도 켈트 십자가(십자가 가운데 부분에 원이 교차해 있다—옮긴이)의 흔적을 따라가면, 저 아래로 스위스의 세인트 갈렌과 이탈리아 북부의 보비오에까지 그 선교의 노정을 추적할 수 있다.

유럽의 그리스도인들이 겸손히 인정해야 할 것이 있다. 중국을 비롯한 세상의 여타 민족들이 이미 문명의 절정을 구가하던 무렵에 우리는 아직 야만인이었으며, 복음이 아니었다면 여태 야만인으로 남아 있을 수도 있다. 예수 그리스도의 복음이 야만적 폭력성을 길들였고, 전쟁이 끊이지 않던 대륙을 연합시켰다. 아일랜드에서 일엽편주에 몸을 싣고 나갈 때든, 로마에서 제2의 성 아우구스티누스라는 이름으로 북진할 때든, 용감무쌍한 선교사들이 복음과 함께 복음의 많은 열매까지 가져갔기 때문이다. 복음과 함께 성경이 들어가면서 차례로 문맹퇴치, 교육, 그리고 복음의 모든 선물이 뒤를 이었다. 그렇게 다져진 기초 위에 훗날 기독교 세계가 세워진다.

서구를 향한 이 두 차례의 선교에서 우리가 배워야 할 것이 많이 있다. 하지만 요지는 지금 우리가 제2의 선교의 꺼져 가는 불빛 속에 서 있다는 사실이다. 지난 수 세기 동안 제2의 선교는 기독교 세계, 종교개혁, 몇 차례의 대각성 운동 등 중요한 위업을 이루어 냈다. 우리의 도전은 낙심을 떨쳐 내는 것이다. 상황과 암울한 쇠퇴의 통계만 보면 당연히 낙심할 수밖에 없다(미국 자체처럼 미국의 그리스도인들은 여론조사라면 무조건 열광하며 통계에 지나치게 집착한다. 정작 중요한 것은 "무엇"이 아니라 "왜"와 "어째서"인데 말이다). 서구는 이미 두 차례 주께로 돌아왔으나 이제 두 번째로 거의 잃어진 듯 보인다. 그래서 지금은 서구를 다시 주께로 되돌리는 일에 우리의 마음과 생각을 두어야 할 때다. 이는 앞서 두 번이나 그 일을 이룬 선조들의 용감한 신앙에 대한 반응이기도 하지만, 무엇보다 지상명령 자체에 대한 반응이다.

교황 베네딕토 16세[Benedict XVI]는 서구의 재복음화를 강력히 촉구했고, 많은 복음주의자들도 동일한 목표를 위해 오랫동안 기도하며 노력해 왔다. 이것은 가능한 일일까? 서구를 되찾을 수 있을까? 현재의 부질없는 문화 전쟁의 연장이나 새로운 문화적 십자군 운동이 아니라, 평화의 왕의 이름으로 진정한 재복음화와 하나님 나라의 힘찬 진척을 이루어 낼 수 있을까? 이 질문에 대한 답이 다음 여러 장의 주제가 될 것이다. 여기서 중요한 것은 서구의 그리스도인들이 만연한 비관론에서 돌이켜 서구의 모든 사회와 나라를 주께로 되돌리는 영광스러운 과업에 착수해야 한다는 것이다. 전 세계의 동료 그리스도인들의 도움을 받아야 함은 물론이다.

서구와 남반구의 그리스도인들은 신앙의 온전함과 효율성을 철저히 회복하여 함께 모더니즘의 도전을 이겨 낼 수 있을 것인가? 이보다 더 큰 도전은 없지만 동시에 세상에 이보다 더 큰 희망도 없다. 하나님께는 불가능이 없다. 지금은 몽상에 젖어 있을 때가 아니라 기도하고 행동할 때다.

인류의 미래에 기여하는 일　　세계 교회의 세 번째 대과업은 인류의 미래에 건설적으로 기여하는 일이다.

분명히 모더니즘은 이미 세계에 각종 거대한 도전을 쏟아냈다. 산업화와 도시화와 소비지상주의가 인류에게 입힌 비참한 희생도 그렇고, 양차 세계대전과 냉전으로 나타난 전쟁의 총체적 야만성도 그렇다. 그러나 우리 앞에 놓인 새 시대에는 세계화의 많은 추세와 세력이 수렴하면서 생겨나는 그보다 더 큰 문제들이 기다리고 있다.

마셜 맥루언Marshall McLuhan은 세상을 "지구촌"으로 표현해서 유명해졌다. 하지만 어떤 면에서 세상은 더 작아졌지만, 다른 면에서 그 은유는 너무 단순하고 편안한 인상을 남겨 우리를 오도한다. 오늘의 세계화 속에서 세상은 분명히 더 작아졌다. 모든 일을 실시간에 볼 수 있고 어디서든 하루 만에 어디에나 갈 수 있다. 그러나 세상은 또한 더 커지고 더 위험해졌다. 모든 게 연결되어 있고 위기와 부작용과 미지의 사고 등 상존하는 위험을 새롭게 의식하다 보니, 아무것도 더 이상 단순하거나 한정적이거나 별개가 아니다. 대통령과 수상과 CEO 등 세계화 시대인 오늘의 지도자들은 자신이 "항상 전 세계를" 상대해야 함을 잘 안다.

더 심각하게 지난 몇 세대는 지구나 인류가 인류 자신 때문에 멸망할 수도 있는 현실적 가능성을 사상 최초로 진지하게 생각해야 했다. 경제, 인구, 기술, 에너지, 환경, 도덕성, 문화 등의 많은 현상들이 수렴하면서 생겨나는 온갖 딜레마를 그냥 무시할 수는 없다.

물론 종말을 떠벌이는 자와 거짓 선지자들이 활보할 것이다. 하지만 그런 아우성의 와중에서 정작 진지한 목소리들을 놓쳐서는 안 된다. 마틴 리즈Martin Rees 경은 영국의 왕립 천문학자이자 케임브리지 내 트리니티 칼리지의 학장으로, 기우가 심한 사람은 전혀 아니다. 그런 그가 2003년에 "내 생각에 지구의 현 문명이 이번 세기의 끝까지 살아남을 확률은 반반이나 다름없다"고 엄중히 경고했다.[12] 옥스퍼드 대학의 미래학자 제임스 마틴James Martin도 똑같이 직설적으로 "설령 호모 사피엔스가 생존해도 문명은 그렇지 못할 수 있다"고 말했다.[13]

그리스도인들은 이런 도전에 부응하여 자신의 역할을 다할 것인가? 그동안 유대교와 기독교 신앙은 하나님과 정의의 이름으로 악과 압제에 당당히 맞서 거듭 개혁에 착수했다. 이런 이력에 필적하는 다른 신앙은 여태 없었다. 그러나 오늘과 내일의 가장 큰 세계적 도전들은 이제까지보다 더 대규모일 수 있다. 이에 맞서려면 하나님을 향한 흔들림 없는 신뢰로 모든 미래를 두려움 없이 직시하고, 깊고 진지한 지성으로 여태 인류가 경험하지 못한 초유의 문제들과 기꺼이 씨름하며, 부단히 성령께 의지하는 가운데 참신한 창의적 상상력으로 전에 없던 것들을 생각해 내고, 과거의 가장 위대한 개혁자들의 용기에 상응하는 불굴의 인내심을 발휘해야 한다.

다음 세대의 그리스도인들은 바로 이 만만찮은 과업에 자신을 바쳐야 한다. 알다시피 우리는 앞서간 거인들의 발자취를 딛고 서 있다. 그래서 가난한 사람들을 대변한 아모스 선지자, 일생을 바쳐 끔찍한 검투사 놀이를 종식시킨 텔레마코스,[Telemachus] 아메리칸 인디언을 학대하는 유럽의 정복자들에게 분개한 바르톨로메 데 라스카사스,[Bartolomé de las Casas] 평생의 싸움 끝에 대영제국의 노예제도를 폐지시킨 윌리엄 윌버포스, 지칠 줄 모르는 긍휼과 산업개혁으로 "빈민의 백작"이 된 샤프츠베리[Shaftesbury] 경, 현대 간호의 탄생에 혁신적으로 기여한 플로렌스 나이팅게일,[Florence Nightingale] 값비싼 희생을 치르고 민권 운동에 승리한 마틴 루터 킹[Martin Luther King Jr.] 등은 모두 우리에게 고마운 사람들이다. 그 밖에 유대교와 기독교의 이름 모를 사회개혁자들로, 우리가 대변하는 허다한 무리도 마찬가지다.

그러나 앞으로 오는 세대의 그리스도인들은 그런 거인들의 발자취를 딛고 서서 세계화 시대의 더 큰 이슈들과 씨름해야 한다. 그러지 않으면 그 문제들이 인류와 지구의 미래를 불안하게 위협할 것이다. 단언컨대 그런 중대한 세계적 이슈들이 장차 무수히 많을 것이며, 아마 해를 거듭할수록 더 많아질 것이다.

지난 수십 년 동안 나는 다른 많은 이슈들의 배후가 되는 한 가지 세계적 이슈에 관심을 집중했다. 어떻게 우리는 가장 깊은 견해 차이를 안고 살아갈 것인가? 특히 그런 차이가 종교적이고 이념적일 때, 그리고 무엇보다도 특히 그런 차이가 공적 생활의 문제에서 서로 충돌할 때 말이다. 요컨대 어떻게 우리는 지구촌 광장을 만들어 낼 것인가?[14]

하지만 그것은 하나의 이슈일 뿐이다. 자본주의와 최근에 거기서 파생된 소비지상주의와 금융화에 대한 그리스도인의 건설적 비판은 누가 맡을 것인가? 핵 확산의 악몽은 누가 종식시킬 것인가? 물 같은 생필품의 공정하고 확실한 보급은 누가 책임질 것인가? 유산자와 무산자의 거대한 빈부 격차는 누가 해결할 것인가? 발전된 모더니즘의 영향으로 붕괴되고 있는 가정과 그 밖의 기관들에게 풍성하고 견고한 생활방식의 모델은 누가 제시할 것인가? 이슈를 다 꼽자면 그야말로 한이 없다. 빈곤, 범죄, 질병, 부패는 물론이고, 의미, 희망, 진취성 같은 덜 가시적인 실체도 있다. 그러나 종류가 아무리 많고 규모가 아무리 아찔해도 예수를 따르는 사람들은 현장의 한복판에 있어야 한다. 중대한 이슈들이 더 명확해지고 규모가 확연해질수록, 기독교의 비전과 기독교의 해법에 담긴 진리성과 충족성에 참으로 필적할 만한 것은 놀랄 정도로 별로 없다.

요컨대 서구의 기독교 르네상스에 대한 담론은 편협한 문제라든가 서구에만 국한된 관심사가 아니다. 세계의 어떤 주요 종교를 막론하고 발전된 모더니즘의 압력을 이겨 낼 뿐 아니라 발전된 모더니즘 자체의 문제에 건설적 해법을 제시할 수 있다면, 그것이야말로 세계사의 흐름을 바꿀 중대한 문제다.

서구 기독교 르네상스에 대한 모든 담론에는 다름 아닌 바로 그것이 걸려 있다.

오 아브라함과 이삭과 야곱과 이 땅에 우리를 앞서간 모든 사람의 하나님, 대대로 신실하신 주님께 감사드립니다. 마치 우리가 주님의 유일한 관심사이고 우리 시대가 유일한 시대인 것처럼 살아가는 우리를 용서하소서. 주님을 섬기려 애쓰는 우리에게 이 시대를 알게 하소서. 이 시대를 모든 시대와 영원에 비추어 보게 하시고, 그리하여 우리 세대를 향한 주님의 목적을 알게 하소서. 어떤 도전이나 위기에도 굴하지 않고, 어떤 적이나 공격에도 약해지지 않으며, 어떤 실패나 퇴보에도 손의 쟁기를 놓거나 검을 떨어뜨리지 않게 하소서. 믿음의 위대한 영웅들이 각자의 도전에 맞섰듯이, 우리도 이 시대의 도전에 부응하게 하소서. 그리하여 그들과 함께 우리도 주님의 나라의 종과 대변자가 되어 주님의 귀한 부르심에 합당하게 살도록 하소서. 예수님의 이름으로 기도합니다. 아멘.

Questions

❶ 당신과 당신의 지역교회는 어떤 식으로 남반구 교회와 접촉하고 있는가? 어떻게 하면 우리의 자원을 그들과 나누면서도 또한 겸손히 "당신들은 우리처럼 모더니즘의 유혹과 영향에 굴하지 말라"고 말할 수 있겠는가?

❷ 우리 자신을 죽어 가는 상황에 있다고 보지 않고 서구를 향한 제3의 선교 중에 있다고 보면 무엇이 달라지겠는가? 그것은 어떤 의미겠으며, 오늘의 만연한 문화 전쟁과는 어떻게 다르겠는가?

❸ 당신이 보기에 미래의 인류 앞에 놓인 가장 큰 이슈는 무엇인가? 당신의 개인적 소명은 그런 이슈와 어느 지점에서 맞물리는가? 그리스도인이 별로 없는 분야는 어디이며, 그 분야를 맡을 사람들을 일으켜 달라고 하나님께 기도해야 할 대상 지역은 어디인가?

3. 불필요하고 불가능하지만 부정할 수 없는 관계

"예수에 아무것도 더하지 말라." 오늘날 이 단순한 구호를 부르짖는 사람들이 많이 있다. 예수를 따르는 사람은 전적으로 그분께만 관심을 두어야 한다는 것이다. 나머지는 다 논지를 벗어나며 자칫 세속성으로 빠지기 쉽다. 그런 사람들은 당연히 기독교 신앙과 문화의 관계에 대한 모든 담론을 미심쩍게 보는 경향이 있다. 그런 모든 논의는 아무래도 세속적이며 따라서 성도들이 어떻게든 피해야 할 덫이라는 것이다.

하지만 사실 이런 경건은 절반만 너무 경건하다. 의도는 예수를 높이려는 것이지만 오히려 그분을 욕되게 한다. 그것을 주창하는 사람들은 더 깊이 생각할 필요가 있다. 첫째, 그 경구를 문자적으로 해석하면 지나친 단순논리가 된다. 17세기의 위대한 십자가 신학자인 존 오웬John Owen이 보인 해석은 똑같이 충실하면서도 덜 경직되어 있다. 그는 사도 바울이 고린도 교인들에게 한 말을 인용했다. "내가 너희 중에서 예수 그리스도와 그가 십자가에 못 박히신 것 외에는 아무것도 알지 아니하기로 작정하였음이라."고전 2:2 하지만 뒤이어 그는 "적어도 그 주제로부터 내 관심을 분산시킬 수 있는 것이라면 아무것도 알지 않겠다"고 덧붙였다. 물론 바울도 자신이 알고 있던 다른 주제들을 뒤이어 언급했다. 예컨대 고린도 교회가 분열된 내막이나 성적으로 문란해진 사실 등이다.

둘째, 예수를 벗어나지 않고는 예수가 누구인지 알 수 없다. 우선 그분 이전의 전체 구약이 없이는 예수와 그분 평생의 사역을 이해할 수 없다. 사실 오랜 세월에 걸친 하나님의 독특한 계시가 없이는 예수의 충격적 주장에 복종하는 게 무의미하다. 그것을 제하면 예수는 또 하나의 아바타일 뿐 "주님과 하나님"은 될 수 없다. 마찬가지로, 예수 이후의 나머지 신약이 없이는 예수를 온전히 이해할 수 없다. 제자들이 엠마오 도상에서 배웠듯이, 예수의 생애와 사역에 대한 그분 자신의 가장 깊은 설명은 그분의 사역이 다 이루어진 뒤에만 제시될 수 있다.

셋째, 사실 이 공식을 휘두르는 사람들은 예수의 가르침 중 자신의 생각과 맞아떨어지는 부분만 가르치는 경향이 있다. 개신교 자유주의의 많은 거짓 "예수들"처럼, 그들의 가르침은 자신의 편견의 투사投射일 뿐이다. "예수에 아무것도 더하지 말라"는 오늘의 구호의 전조로 "하나님은 아버지이시고 인류는 형제다"와 같은 경구가 있었다. 듣기에는 그럴 듯하지만 이런 공식들은 성경적이지 못하며 해로운 결과를 낳는다.

넷째, 단순논리가 아닌 충분한 해답을 찾으려는 진정한 구도자들은 대개 다음과 같은 결론을 내릴 것이다. 그들의 폭넓은 의문에 관심이 없는 그리스도인들에게는 삶의 의미에 대한 해답도 없을 것이라고 말이다. 그래서 그들은 기독교 신앙이 유치하게 여겨져 등을 돌린다.

다섯째, 예수야말로 관심사가 자신보다 훨씬 넓었다. 따라서 그분께 충실하려면 위의 구호가 아무리 선의의 구호일지라도 그것을 폐기해야 한다. 사실 그리스도인과 문화의 관계라는 문제를 제기하신 분은 예수 자신이다. 예컨대 "가이사의 것은 가이사에게……바치라" 하신 유명한 답변도 그렇고,마 22:21 세상 "안에" 있되 세상에 "속하지" 않은 제자들을 위해 기도하신 것도 그렇다.요 17:11, 14, 16 그분의 전체 가르침에 밝혀져 있고 나머지 신약에 부연되어 있듯이, "세속성"과 그 반대인 "현실 도피"는 그리스도인들이 피해야 할 양극단이다. 우리의 도전은 그보다 충실하고 훨씬 더 힘든 중도의 입장에서 그분을 따르는 것이다. 곧 보겠지만 그리스도인이 문화와 세상에 창의적으로 참여하는 일은 불충실하기는커녕 오히려 복음과 그리스도인이 교회와 세상에서 발휘하는 능력의 중요한 원천이다.

끝으로, 안타깝게도 "예수에 아무것도 더하지 말라"는 구호는 결국 "예수에서 뭔가가 빠진" 형태의 기독교 신앙을 고수할 때가 많다. 대체로 그 신앙은 진리를 충분히 이해하지 못하거나, 신학과 사고가 너무 빈약하거나, "예수만 있고" 성부하나님과 성령의 자리는 없다. 일부 지지자들에게 이 경구는 교회 전반에 혼합주의와 불충실이 스며드는 중대한 원천이되었다.

이상의 전제하에서 세속성에 대한 경고는 유익한 자극이다. 특히 이를 통해 우리가 기독교 신앙과 문화에 대해 더 깊이 생각하게 된다면, 그리고 그 둘의 관계가 굉장히 의외이며 아주 신중한 접근이 필요함을 상기하게 된다면 그렇다. 이제부터 그 관계에서 도출되는 세 가지 요지를 강조하고자 한다.

불필요한 관계   첫째로 주목할 만한 사실은, 문화의 형성이나 문명의 구축에 기독교 신앙이 꼭 필요하지는 않다는 것이다. 관찰만으로 분명히 알 수 있듯이, 예수 그리스도를 전혀 믿지 않는 문화도 수없이 많고 기독교 이외의 수많은 종교에 바쳐진 문명도 많다. 우리 기독교는 예수를 믿지 않고는 문화나 문명이 있을 수 없다고 주장하지 않는다.

물론 예수를 떠나서는 어떤 문화나 문명도 그분과 그분의 가르침 고유의 일정한 특성을 지닐 수 없다는 주장은 가능하다. 그런 의미에서 에밀 브루너는 기포드 강연에서 "기독교만이 인간 본연이라 할 만한 문명의 기초를 제공할 수 있다"고 굳은 확신을 피력했다.[1] 또한 특히 니체가 역설했듯이, 어떤 사회가 그 영감이자 기초가 된 기독교 신앙을 버리면 불가피한 결과가 뒤따른다는 주장도 가능하다. 그리스와 로마는 둘 다 안에서부터 시들었고, 서구도 살아 있는 신앙을 잃으면 그렇게 될 것이다. 액튼Acton 경의 말처럼 종교가 역사의 열쇠라면, 신앙의 변화는 곧 문화와 삶의 변화를 의미한다. 생각만 변하는 게 아니라 훨씬 그 이상이다.

그래도 많은 문화와 문명이 예수나 유대교와 기독교의 성경에 뚜렷이 빚진 게 없다는 사실은 달라지지 않는다. 흔히들 말하는 세계 최대의 9대 문화와 문명—이집트, 바빌론, 인도, 중국, 마야, 그리스, 로마, 아라비아, 서구—중 기독교 신앙에 조금이라도 명백히 빚진 것은 서구뿐이다. 모든 문명의 배후에는 비전과 세계관이 있으며, 어떤 문명도 그 비전의 힘보다 더 크거나 오래가지 못한다.

같은 맥락에서, 인류 앞에 놓인 기본 문제들이 무엇인지에 대해서는 절대다수의 인간이 당연히 동의하겠지만(실재, 의미, 진리, 목적, 시간, 악, 고난, 인간의 가치, 인격, 정의, 자유 등의 문제), 해답에 대해서는 일치된 의견이 없다. 지금까지 인간이 도달한 모든 해답이 다양한 틀과 세계관에 흡수되었는데, 그중에는 유대교와 기독교의 관점과는 근본적으로 다른 것들도 많이 있다.

이 요지와 맥을 같이하는 논의가 있다. "사람이 하나님 없이도 선해질 수 있는가?"라는 흔한 질문이다. 그동안 크리스토퍼 히친스^{Christopher Hitchens} 같은 많은 무신론자들이 이런 주장을 십분 활용했다. 선해지는 데 하나님이 필요 없으며 많은 사람들이 하나님 없이도 선하다는 것이다. 일부 그리스도인들은 이런 주장을 배격하겠지만 대부분은 흔쾌히 인정할 것이다. 하나님 없이 선한 사람들도 많고, 마찬가지로 하나님 없이 위대해진 문화와 문명도 많다.

한편으로 역사와 우리의 일상생활에 그 증거가 수두룩하다. 예컨대 알렉산더 대제의 용기, 소크라테스^{Socrates}의 끝없는 호기심, 레오나르도 다빈치^{Leonardo da Vinci}의 뛰어난 작품성, 기타 우리 이웃과 동료들의 수많은 훌륭한 자질을 뉘라서 부인하겠는가? 마찬가지로 페리클레스^{Pericles} 치하의 아테네, 하드리아누스^{Hadrian} 치하의 로마, 바로들의 이집트, 명 왕조 중국의 위대함을 그 누가 부인하겠는가?

나아가 이런 인정을 뒷받침하는 강력한 신학적 이유도 있다. 성 아우구스티누스를 비롯한 초기의 그리스도인 저술가들이 가르쳤듯이 "모든 진리는 하나님의 진리다." 하나님을 인정하지 않는 때와 장소에서도 진리의 피륙은 분리될 수 없는 하나이며, 그 출처는 진리의 하나님이시다. 모든 인간은 하나님의 형상대로 지음받았으며 따라서 선해지고, 진리를 발견하며, 미를 창조하고, 위대함을 이룩할 능력이 있다. 하나님을 대적하는 무리와 이교도까지 포함하여 그들이 무엇을 믿든 관계없고, 그분을 인정하든 그렇지 않든 동일하다.

그렇다면 문화와 문명이 하나님을 인정하는지 여부와 무관하게, 하나님을 아는 그리스도인이야말로 진선미와 위대함이 어디서 발견되든 제일 먼저 칭송하고 감사해야 한다는 뜻이다. 그리스도인은 성 아우구스티누스의 말처럼 "진리는 어디서 발견되든 하나님의 것"임을 늘 기억해야 한다.[2] 나는 기독교 신앙이 없이는 문화나 문명이 있을 수 없다든지 또는—이 후자는 그럴 소지가 더 커 보이긴 하지만—서구 문화가 기독교 신앙이라는 기초를 버리면 반드시 완전히 무너질 것이라고는 한순간도 주장할 마음이 없다.

문화와 문명의 간단한 정의　　더 나가기 전에 잠시 문화culture 와 문명civilization의 의미를 알아볼 필요가 있다. 둘 다 이 책을 관통하는 반복되는 주제다. 이 두 용어의 정의는 대개 학자나 전문가들이나 탐색할 수 있을 정도로 복잡하다. 하지만 간단명료하면서도 우리 신앙에 매우 적절하게 그 둘을 정의하고 사용할 수도 있다.

우선 문화부터 살펴보자. 본질상 **문화**란 단순히 "공동의 생활방식"이다. 그런 의미에서 프랑스 문화, 헝가리 문화, 중국 문화란 각각 프랑스와 헝가리와 중국의 생활방식이라 할 수 있다. 특히 거기에는 프랑스인이 포도주와 치즈를 좋아하고, 헝가리인이 민속음악을 즐기고, 중국인이 가정과 조상과 전통을 중시하는 것도 포함된다.

"청소년 문화"나 "현대 문화"에 대해서도 비슷하게 말할 수 있고, 같은 맥락에서 "기독교 문화"에 대한 적절한 논의도 가능하다. 예나 지금이나 예수께서는 인간 개개인을 불러 자신을 따르게 하시지만, 그분을 따르는 사람들은 결코 그냥 개인으로 남아 있어서는 안 된다. 기독교 신앙은 단지 개인의 신앙과 세계관과 생활방식과 신조가 아니라, 하나의 공동체요 사회이기 때문이다. 이는 현대의 개인주의 사회에서 너무 자주 망각되는 사실이다. 우리는 예수의 제자로서 **함께 그분의 생활방식대로 살라**는 명령을 받았다. 이것이 그분의 모든 제자의 중요한 기본 소명이다. 그렇게 살면 거기서 자연히 "기독교 문화"가 나온다. 즉 그리스도를 따르는 사람들이 공동으로 살아가는 그리스도를 닮은 생활방식이다. 우리가 눈뜨는 순간부터 잠드는 순간까지, 회심 후 첫날부터 마지막 날까지, 자기 반경의 이쪽 끝부터 저쪽 끝까지 믿음으로 살면 그 생활방식에서 문화가 잉태된다. 그 삶을 다른 사람들과 함께 살면 장성한 문화가 된다.

늘 제기되는 주장에 따르면 종교 없이는 위대하거나 오래가는 문화가 없으며, 문화란 본질상 종교나 세계관의 구현이다. 신앙 없이는 문화도 없다는 것이다. 예컨대 T. S. 엘리엇은 "종교와 동반하지 않고 출현하거나 발전한 문화는 없다"고 믿었다.[3] 그럴지도 모르지만, 더 간단히 말해서 공동의 생활방식은 문화를 만들어 낸다. 그러므로 우리는 복음과 문화의 당연하고 필연적인 연관성을 축소해서는 안 된다. 예수께서 강조하셨듯이, 그분과 그분의 가르침의 의미는 그분을 따르는 사람들의 **공동의** 생활방식을 통해―예컨대 서로 사랑함을 통해―예시되어야 한다. "새 계명을 너희에게 주노니 서로 사랑하라. 내가 너희를 사랑한 것 같이 너희도 서로 사랑하라. 너희가 서로 사랑하면 이로써 모든 사람이 너희가 내 제자인 줄 알리라."요 13:34-35

그래서 기독교 신앙은 언제나 두 가지 차원의 정밀검사에 열려 있어야 한다. 하나는 신빙성이고 또 하나는 실현성이다. 신빙성의 차원에서는 기독교 신앙의 진리 주장이 현미경 아래에 놓인다. 이때의 질문은 검사 결과 기독교의 진리 주장이 사실로 밝혀질 수 있느냐는 것이다. 사실로 밝혀진다면 신자의 신앙은 참으로 신빙성 있는 정당한 신앙이다. 진리로 믿을 수 있으며 궁극적 **실재**에 부합한다.

또 다른 차원의 관건은 신앙의 신빙성이 아니라 실현성이다. 이때의 질문은 기독교 신앙이 "사실처럼 보이느냐"는 것이다. 그것을 믿고 따르는 사람들이 일관되게 그대로 실천하는가? 아니면 우리는 합리화하거나(진짜 이유가 아닌 다른 이유를 대거나) 심지어 아예 위선자인가? 이번에는 현미경 아래에 놓이는 것이 그리스도인의 삶 곧 일관된 실천이다. 아무리 말로는 믿는다고 해도 우리 그리스도인은 정말 그 말대로 사는가? 설교대로 실천하는가? 이 차원의 질문은 우리 기독교 신앙이 바깥세상의 눈에 사실처럼 보이느냐는 것이다. 이를 판단하는 기준은 이 신앙을 따르는 우리의 삶 속에 그것이 맺어 내는 열매다.

하나님 나라를 인간의 문명과 혼동한다면 이는 중대 과오다. 그런데 역사 속에 그런 일이 너무 많았고, 지금도 똑같은 과오의 사례들이 있다. 하나님 나라는 언제나 우리의 문화적 삶과 다르고 그보다 더 높지만, 그렇다고 우리를 우리가 살고 있는 문화로부터 분리시키지는 않는다. 그렇다면 "기독교 문화"에 대한 바른 인식이 적어도 두 가지 이유에서 매우 중요

해진다(**기독교 문화**라는 용어는 단순히 "공동으로 살아가는 예수의 방식"의 다른 표현이다).

첫째, 기독교 문화에 대한 바른 인식이 중요한 이유는 그것이 그리스도인의 충실성의 사회적 영향력을 보여주는 직접적 지표이기 때문이다. 그리스도인들이 사회에서 "빛과 소금"으로 살고 있고 작은 반문화의 단계를 지나 어떤 임계질량에 도달하면, 그 사회의 "기독교적 특성" 또는 그 반대(사회가 예수의 방식을 닮은 정도)가 곧 그리스도인들이 얼마나 예수의 방식에 순종하며 살고 있는지를 측정하는 기준이 된다.

오늘날 서구 교회 문제들의 두드러진 증상이 하나 있다. 미국 같은 나라에는 아직도 절대다수의 시민이 그리스도인이지만 미국의 생활방식은 예수의 생활방식과 거리가 멀어졌다는 사실이다. 단순히 이는 다수를 차지하는 그리스도인의 생활방식이 예수의 방식보다 세상에 더 가깝다는 뜻이다. 한마디로 그들은 세속적이며, 따라서 문화를 형성할 능력이 없다.

둘째, 기독교 문화에 대한 바른 인식이 중요한 이유는 그것이 기독교 신앙의 실현성을 사회의 일반인들에게 보여주는 직접적 척도이기 때문이다. 앞서 말한바 그 사회의 "기독교적 특성"(사회가 예수의 방식을 참으로 닮은 정도)이 곧 주어진 순간에 기독교 신앙의 실현성을 바깥세상에 예증한다.

그리스도를 명실상부하게 닮은 문화를 향한 소망은 그리스

도인들이 공동으로 충실하게 예수의 방식대로 살아가는 정도
에 비례한다. 기독교 신앙이 사회에 보여주는 실현성의 정도
도 마찬가지다. 오늘날 많은 그리스도인은 이 부분에 회의적
이다. 그들은 주변에 만연한 교회의 타락상만 보기 때문에, 개
인이나 지역보다 더 높은 차원에서는 그런 문화적 변화가 일
어나기 어렵다고 비관한다. 하지만 이는 하나님의 능력을 딱
한 수준으로, 곧 오늘의 세상을 향한 우리의 기대치로 제한하
는 처사다. 물론 차원이 높아질수록 그리스도인의 일관된 삶
도 더 힘들어질 수 있지만, 그것을 구실 삼아 기대치와 수준을
대충 타협해서는 안 된다.

물론 역으로 그리스도인들이 설교대로 실천하지 않는 정도
만큼 우리 사회는 예수의 생활방식의 열매를 누릴 수 없다. 또
한 그만큼 기독교 신앙은 바깥세상에 실현성을 잃고 반감을
살 것이다. 요컨대 문화의 문제는 신앙에 중요하다. 그것이 중
요한 지표가 되어 어떻게 우리가 신앙을 함께 삶으로 실천하
고 있는지를 보여주기 때문이다.

오늘날 이 과업이 얼마나 큰 도전인지 잠시 생각해 볼 필요
가 있다. 지난 여러 세대 동안 다양한 급진적 담론의 물결이
많은 복음주의 교회를 훑고 지나갔다. 각 물결마다 새로운 에
너지와 흥분을 불러일으켰고, 교회의 지극히 현실적인 질환에
현실적인 처방을 내놓는 듯 보였다. 하지만 그 순수한 효과로

좀 더 고유한 기독교 문화나 폭넓은 사회적 영향력이 생성되었던가?

아직까지는 그렇지 못하다. 한편으로 진정한 반문화는 결코 쉽거나 단기적이지 않다. 세상과 진정 다르게 공동으로 살아가는 생활방식도 하나의 반문화다. 이것은 발전된 현대 사회의 성질에 어긋날 뿐 아니라, 촉박한 시간과 고도의 기동성과 신경과민과 개방성을 특징으로 하는 발전된 현대 사회에서 가장 이루기 힘들고 대가가 큰 일 중 하나다. 게다가 그동안 대다수 형태의 신흥 기독교 급진주의는 20세기 말의 낡고 세속적인 방식을 통해 추진되었다. 즉 최신 베스트셀러를 낸 오늘의 유명 작가, 매진되는 집회, 이 순간 가장 빠르게 성장하는 대형교회 등만 골라서 쫓아다니는 식이었다. 하긴 여행비용이 비싸지고 독서 인구가 줄어들면서 21세기에는 그것이 페이스북의 "좋아요" 횟수와 트위터의 팔로워 숫자로 모양만 바뀔 수도 있다.

문제를 더욱 악화시키는 사실이 있다. 현재의 두드러진 예외들에도 불구하고, 소위 급진주의 중 일부는 사실 오그라든 신앙이다. 신학이 부실하고, 역사의식이 없으며, 소명에 대한 탄탄한 이해가 부족하다. 그래서 참으로 사회에 참여하여 문화를 창출할 능력이 없다. 이와 비슷하게 많은 급진적 논의는 급진적 유행으로 변한 뒤, 교회 생활에서 또 하나의 일시적 경련으로 사라져 버렸다. 교인들은 이를 알아차릴 겨를도 없이, 대중매체가 후속타로 기름을 부은 "오늘의 새 인물"을 향해 줄달음친다.

문화를 창출하려면 그와는 전혀 대조적으로 여러 세대에 걸친 장기간의 순종이 요구된다. 우선, 우리는 삶 전체에서 모든 신자들의 소명을 통해 사회 전반에 꾸준히 참여해야 한다. 동시에, 공적으로 강건하고 견고하게 살아가야 한다. 또한, 예배하고 가르치고 교제하는 살아 있는 공동체가 있어야 한다. 마지막으로, 개인적 생활방식, 정당, 경제적 의무, 유행하는 오락 등 모든 라이벌의 목소리보다 예수께 더 충성하는 신앙이 필요하다.

요컨대 우리는 주님께 합당한 신앙으로 탄탄한 제자도를 장려해야 한다. 그 범위는 하나님의 신성과 위엄만큼이나 높고, 심오한 성경만큼이나 깊으며, 역사의 이야기와 교훈만큼이나 풍부하고, 세계 교회의 무한한 다양성만큼이나 넓어야 한다. 의문의 여지 없이 문화의 창출은 시간과 인내를 요한다. 버섯을 수확하는 일이 아니라 떡갈나무를 기르는 일이다.

두 번째 용어인 **문명**은 무슨 뜻인가? 역시 복잡한 정의도 있지만, 본질상 문명이란 "충분한 범위와 기간과 수위에 도달한 문화"로 간단히 정의할 수 있다. 즉 문명의 개념은 문화의 개념과 밀접한 관계가 있다. 문명은 일정 수준의 확장과 진척에 도달한 문화다.

더 정확히 말해서 문명이란 충분히 넓게 확산되고(충분한 범위), 충분히 오래 지속되며(충분한 기간), 무엇보다 후대의 칭송을 받을 만큼—탁월한 예술, 과학, 기술, 용감한 군사적 정복, 기타 분야의 업적 등에서—충분히 높게 도약하는(충분한 수위) 문화다. 예컨대 아테네의 문화는 페리클레스보다 수 세기 전까지 거슬러 올라가지만, 이 위대한 정치가의 세대에야 비로소 불멸의 영광으로 찬란하게 피어났다. 그때가 그리스 문명의 황금기였다.

말할 것도 없이 이 논의에는 역설이 있다. 한편으로 나는 "서구 기독교"를 옹호하는 게 아니다. "기독교 문화"나 "기독교 문명"을 우리의 목표로 삼아야 한다는 말도 아니다. 모든 기독교 문화는 그것을 창출하는 그리스도인들처럼 결함이 있다. 곧 보겠지만 우리의 목표는 문화의 창출이 아니라 언제나 하나님 나라의 진척이어야 한다. 그러나 다른 한편으로, 그리스도인의 충실성은 언제나 문화적 결과를 낳는다. 비록 그것이 그리스도인들이 예수의 부르심대로 다른 더 높은 목표에 힘쓸 때 뒤따르는 부산물일망정 말이다.

불가능한 관계

그러나 예수의 방식이 그리스, 로마, 이집트, 바빌론, 페르시아, 중국 등과 도대체 무슨 관계가 있는가? 예로부터 내려온 테르툴리아누스^{Tertullian}의 유명한 질문의 논리대로, "아테네가 예루살렘과 무슨 상관이란 말인가?"[4] 정말 모든 역사를 통틀어 예수와 역사상 위대한 지도자들 사이의 간극 또는 교회와 세상 제국들 사이의 간극보다 더 큰 괴리는 없다.

나사렛 예수가 문화와 문명의 원천이 될 가능성은 전혀 없었다. 그것이 「한 고독한 생애」^{One Solitary Life}의 자주 인용되는 핵심 대목에 잘 포착되어 있다. "그는 책을 쓴 적도 없고, 직위에 오른 적도 없으며, 가정을 이루거나 주택을 소유한 적도 없다. 대학에도 다니지 않았고, 대도시에 나가 본 적도 없으며, 태어난 곳에서 300킬로미터 반경 밖으로 벗어난 적도 없다. 흔히 위대한 인물에 따라붙는 조건들이 그에게는 하나도 없었다."[5]

로마 제국의 변방 오지 출신인 시골 목수의 아들이 역사상 가장 위대한 황제와 가장 막강한 군 지휘관의 위용과 영광보다 더 찬란히 빛날 확률이 얼마나 되는가? 시골 출신의 범죄자로 몰려 치욕스레 처형당한 사람의 생일이 세상 대부분의 역사 전체를 갈라놓는 분수령이 될 가망성은 또 얼마나 되는가? 크리스토퍼 도슨의 말마따나 순전히 세속 역사가의 관점에 볼 때, 예수의 생애는 "중요하지 않은 정도가 아니라 사실상 없는 것이나 마찬가지였다."[6]

그런데 이게 어찌 된 일인가. 흔히 테르툴리아누스의 질문을 단순논리나 반▷계몽주의로 보지만 사실은 그렇지 않으며, 예수와 문화의 관계도 종종 흑백논리로 제시되지만 사실은 그렇지 않다. 하지만 불가능하다는 점만은 의문의 여지가 없으며, 이는 우연이 아니다. 예수의 방식은 세상의 방식과 극과 극으로 다르다. 따라서 그분이 역사상 위대한 문명들과 관계될 가능성은 지극히 낮다. 그 이유를 결코 놓치지 말고 늘 중시해야 한다.

요한복음에서 우리 주님은 자신을 비판하는 무리에게 이렇게 공언하신다. "너희는 이 세상에 속하였고 나는 이 세상에 속하지 아니하였느니라."요 8:23 거기서 열 장 뒤로 가면, 그분은 생사가 걸린 재판에서 본디오 빌라도 총독에게 대답하실 때도 똑같이 명명백백하게 선언하신다. "내 나라는 이 세상에 속한 것이 아니니라. 만일 내 나라가 이 세상에 속한 것이었더라면 내 종들이 싸워 나로 유대인들에게 넘겨지지 않게 하였으리라. 이제 내 나라는 여기에 속한 것이 아니니라."요 18:36

똑같은 주제가 예수의 생애와 사역에 대한 기사 전체를 관통하고 있다. 그분은 지옥의 마귀가 제시한 권력과 명성의 유혹을 단호히 거부하셨다. 그분은 환생한 유다 마카비(주전 2세기의 유대 독립운동가―옮긴이)Judas Maccabeus가 아니었다. 그분의 모략은 당대의 열심당과 달랐다. 그분의 혁명 선언은 마르크스와 엥겔스,$^{Friedrich\ Engels}$ 히틀러와 히믈러,$^{Heinrich\ Himmler}$ 마오쩌둥과 폴 포트$^{Pol\ Pot}$처럼 피의 무력에 호소하지 않았다. 그분의 사명은 무함마드^{Muhammad}처럼 칼끝에 있지 않았다. 사실 예수는 칼을 버린 비무장 예언자였다. 모든 문명을 일으키고 지속하려면 군사력이 필요하건만 그분은 그것을 마다하셨다. 수많은 초미의 관심사들이 텔레비전 화면과 신문 헤드라인을 장식하고 SNS에 들불처럼 퍼지지만, 그분은 그런 데 별로 혹은 전혀 관심이 없어 보이셨다.

그런데 이토록 철두철미하게 다른 한 스승이 어떻게 문화의 출현이라든가 문명과 세상 제국의 건설과 연관될 수 있단 말인가? 가능성이라고는 눈을 씻고도 찾아볼 수 없다. 정말 상상조차 할 수 없는 일이다. 브루너는 그것을 이렇게 약술한다.

누구든지 가장 권위 있는 자료인 신약에서 기독교 신앙 내지 교리와 문명 또는 문화의 관계에 대한 교훈을 얻으려고 접근하는 사람은 놀람과 당황과 심지어 실망을 면할 수 없다. 복음서와 사도들의 서신서, 예수 자신의 가르침과 제자들의 가르침 등 어디에도 그 관계를 연구하라는 일말의 권고조차 없어 보인다.[7]

그런데 이게 어찌 된 일인가. 이상의 모든 사실에도 불구하고, 사상 최강이라 불릴 만한 문명을 창출해 낸 결정적 요인은 당연히 기독교 신앙이다. 여태까지 역사 속의 모든 제국과 문명은 종교적이었고, 따라서 존속 기간뿐 아니라 영역도 유한했다. 심지어 "영원한 도성"과 "세상의 머리"라고 자랑하던 어마어마한 규모의 로마 제국도 지역 제국이었다. 로마는 인도와 중국과 북미와 남미와 대부분의 아프리카는 고사하고 아일랜드와 스코틀랜드도 정복한 적이 없다.

그러나 과거의 제국들과 대조적으로, 발전된 현대의 세계화 문명은 지역적이지 않고 진정 세계적이라는 데 주된 특징이 있다. 과학과 자본주의와 첨단기술이 합세하여 이루어 내는 이 역동성은 잠재력과 야망 면에서 극히 세계적이다. 그것이 낳는 문명 역시 진정 세계적 규모여서 앞서간 지역적 초강국들을 다 무색하게 할 정도다.

하지만 그것이 어떻게 간접적으로라도 예수와 기독교 신앙에 기인하는가? 사실 서구 세계는 기독교 이전의 여러 문명의 산물이다. 분명히 서구는 그리스인과 로마인과 유대인에게 큰 빚을 졌다. 그리스인에게 빚진 선물로는 철학, 과학, 정치의식, 연극, 조각 등이 있다. 로마인에게 빚진 선물로는 권력과 정부와 법과 질서에 대한 인식, 도로망 같은 소통의 중요성, 온탕과 중앙난방 같은 편의시설의 중요성 등이다(베르길리우스는 "로마인이여, 그대의 예술은 곧 정부임을 명심하라"고 말했다[8]). 유대인에게 빚진 선물로는 인간의 존엄성과 자유에 대한 믿음, 역사의식과 인간이 대행자라는 인식, 매우 중시되는 윤리와 책임, 수천 년간 이성애 결혼에 헌신해 온 힘, 사회 근간으로서 최우선인 가정 등이다.

그러나 그 엄연한 사실에도 불구하고 잠시만 생각해 보면 알듯이, 위의 세 문명은 모두 지중해 연안인 데 반해 서구는 지중해보다 훨씬 넓다. 서구는 유럽과 미국과 캐나다와 호주를 아우르며 지금은 훨씬 더 멀리까지 뻗어 나간다.

요컨대 선행한 문명들의 모든 선물에도 불구하고 서구를 서구 되게 한 것은 기독교 신앙이다. 서구의 기초를 놓은 것은 줄리어스 시저가 골Gaul을 정복한 사건만이 아니라 유럽의 야만 왕국들이 그리스도께 회심한 일이기 때문이다. 싸움을 일삼던 미개한 부족들이 십자가의 능력으로 "점잖아진" 뒤에야 비로소 그 야만족들 사이에 평화가 이루어졌다. 거대한 아시아 대륙 서단의 바위투성이 돌출부에 복음의 빛이 비추어진 뒤에야 비로소 문명이 건설되었다. 처음에 "기독교 세계"로 알려진 그 문명은 "유럽"으로 바뀌었다가 훗날 "서구"가 되었다. "유럽"과 "서구"에는 둘 다 늘 지리적 의미를 뛰어넘는 문화적 의미가 있었다. 그것은 단순히 지도상의 특정 지역이 아니라 사상과 가치관, 프로젝트, 꿈과 비전의 문제다.

기독교 신앙이 서구를 만들어 냈단 말인가? 사실이니 망정이지 그렇지 않다면 무슨 헛소리인가 싶을 것이다. 예수의 방

식이 문화와 문명을 창출해 낼 가능성이 전혀 없음은 처음의
두 선교─로마의 회심과 야만 왕국들의 회심─가 불가능해
보였다는 점만 보더라도 충분히 부각된다. 하지만 로마인의
유명한 칼과 야만족의 무서운 도끼와 곤봉이 비무장이신 평화
의 왕의 발밑에 모두 다 내려놓아진 것은 역사의 엄연한 사실
이다. 그분을 따르는 사람들이 서구의 진정한 창출자였다.

부정할 수 없는 관계   오늘 우리는 서구 세계의 쇠퇴
                          기에 살고 있다. 세련된 식자들
은 과거의 문화들이 쇠퇴할 때처럼 "낡은 신앙"에 등을 돌리
는 게 유행이다. 그 신앙의 감화와 위력으로 과거의 위대함이
탄생했는데도 말이다. 그러므로 우리 시대는 "기독교만 아니
면 다 된다"는 시대다. 우선 "종교가 모든 것의 독소다"라는
말이 귀가 따갑게 들려온다. 십자군과 종교재판 같은 악이 곧
서구 역사에 기여한 기독교의 특징이자 거의 총합이라는 인상
마저 풍겨 온다. 게다가 식민시대 이후의 유산으로 죄책감과
반성이 널리 요구되면서, 우리 문화와 문명의 고유한 특성을
무조건 다 나쁘게 보는 시각이 조장되었다. 기독교의 기여는
선물이 아니라 저주라는 것이다. 세상의 잘못된 문제가 바로
거기에 있다는 것이다.

  물론 서구 역사에는 고백할 죄가 많이 있다. 그러나 신흥 무

신론자 같은 비판 세력은 너무 분별력도 없고 너무 미련하며 성깔 있는 무지로 인해 도무지 신뢰할 대상이 못 된다. 그들은 자기네 청중의 눈과 귀를 멀게 해 서구의 진정한 역사를 보지 못하게 하고, 과거의 최선과 현재의 도전 사이의 관계라는 결정적 질문을 듣지 못하게 한다. 분명히 우리는 그동안 범한 죄를 자백해야 하며, 거듭 강조하듯이 내가 주장하는 것은 서구 자체가 아니라 기독교 신앙이다. 그러나 어떤 세대를 막론하고 문화의 뿌리를 잘라 내는 것은 결코 예삿일이 아니다. 꺾인 꽃과 같은 문명은 오래갈 수 없고 오래가지 않으며, 이보다 더 확실한 사실은 없기 때문이다.

예수께서 아예 태어나지 않으셨다면 어떻게 되었을까? 그동안 이 질문을 숙고한 많은 고찰들이 있었다. 더 구체적으로 말해서, 서구의 고유한 특징 중 기독교 신앙의 직접적 선물인 부분은 무엇인가? 이 주제에 대해서도 여러 장황한 답이 활발히 제시되었다. 로드니 스타크 ^{Rodney Stark} 의『기독교의 부상』^{The Rise} ^{of Christianity}이 좋은 예다. 나는 여기서 다섯 가지 두드러진 기여만 간략히 언급하고자 한다.

첫째, 서구는 박애의 전통이 강하여 역사상 다른 어떤 문명도 필적하지 못하는 베풀고 돌보는 문화를 창출했다. 선한 사마리아인의 비유는 그 자체만으로도 "세상을 바꾸어 놓은 비유"로 지칭되어 왔다. 그런 구체적 가르침과 더불어, 역사적으로 1세기에 다음과 같은 근본적 질문에 대한 유대교와 기독교의 답이 하나로 수렴되었다. "돈은 누구의 것인가?" "왜 베풀어야 하는가?" "내가 돌보아야 할 대상은 누구인가?"

각 질문의 답은 당대의 그리스와 로마의 답과는 물론이고 여타 주요한 세계 종교의 답과도 완전히 달랐다. 이런 답이 응집하여 폭발하면서 그 역동적 추진력을 배후로 서구의 병원, 고아원, 한센병 요양소, 죽어 가는 이들을 위한 호스피스 등이 생겨났다. 예수를 따르는 사람들에게 빈민, 환자, 노숙자, 재소자, 실직자, 나그네, 죽어 가는 사람은 하나님의 사랑이 집중되는 대상이며 따라서 인간이 돌보아야 할 대상이었다. 이 기여를 무시한다면 이는 황금알을 낳는 거위를 죽이는 것과 같다. 그런데 일부 정부들은 오늘날 그 기여를 옹호하는 사람들을 기를 쓰고 방해한다.

둘째, 서구는 끊임없는 개혁 운동의 전통이 핏빛처럼 선명하며 이는 다른 어떤 문명에도 유례가 없다. 앞서 라스카사스와 윌버포스 같은 가장 잘 알려진 영웅들을 일부 언급했거니와 그들의 배후에는 만인의 종교적 자유를 위해 싸운 로저 윌리엄스,Roger Williams 감옥을 개혁한 엘리자베스 프라이,Elizabeth Fry 나치의 악에 저항한 디트리히 본회퍼,Dietrich Bonhoeffer 재소자들을 현대의 성매매와 채무노예제에서 해방시킨 게리 하우겐Gary Haugen 등이 있다. 그 밖에도 수많은 사람들이 당대의 악에 맞서 싸웠고, 더 나은 세상이 가능함을 과감히 믿었다. 여기서도 다른 신앙들과의 대비는 극명하다. 예컨대 힌두교에는 이런 전통이 없으며, 인도 자국인 개혁자들의 출현은 전적으로 윌리엄 캐리William Carey 같은 기독교 선교사와 개혁자들이 제기한 도전에 기인했다.

셋째, 서구는 현대 세계의 가장 영향력 있는 제도 중 하나인 대학의 발상지다. 일각에서는 대학의 기원을 플라톤Plato의 아카데미나 카이로의 알 아자르 모스크의 학원으로 더듬어 올라가기도 한다. 그러나 최초의 대학들인 볼로냐와 소르본과 옥스퍼드와 케임브리지의 직접적이고 더 강력한 배후 원천이 중세 말기의 세계에 출현한 성당 학교들이었음은 의심의 여지가 없다. 그 대학들의 모토만 보아도 알 수 있다. 예컨대 옥스퍼드의 모토는 시편 27편의 첫머리인 "여호와는 나의 빛이요" Dominus Illuminatio Mea 이다.

넷째, 서구는 자본주의와 첨단기술과 더불어 세계화의 혁신을 주도하는 과학의 원천이다. 물론 과학의 뿌리는 그리스 민족의 끝없는 호기심으로 거슬러 올라가며, 이슬람교 시대에 과학이 보존되고 지속된 영향도 크다. 그러나 알프레드 노스 화이트헤드Alfred North Whitehead를 비롯한 많은 학자들이 역설했듯이, 현대 과학의 모체는 종교개혁과 그 세계관의 열매였다. 동시에 이른바 "과학과 종교의 전쟁"은 코넬 대학을 공동 설립한 앤드류 딕슨 화이트^{Andrew Dickson White} 같은 세속주의자들이 만든 19세기의 허구로서, 진지한 역사가들은 더 이상 그것을 인정하지 않는다.

다섯째, 서구는 인간의 존엄성과 인권과 인권혁명 전반의 선구자이자 투사다. 이 모두의 기원은 인간이 "하나님의 형상대로" 지음받았다는 유대교와 기독교의 인식에 있다. 그런데 오늘의 세상에서 인권의 기초와 보편성은 세속주의자들과 많은 종교로부터 양면 공격을 받고 있으며, 그리하여 인권은 "서구 이기주의"와 "유럽 중심주의"로 일축된다. 그러나 이런 공격은 인권의 뿌리가 다른 종교나 이념으로 거슬러 올라갈 수 없으며 계몽주의보다 훨씬 선행한다는 사실을 더욱 부각시켜 줄 뿐이다. 다른 부분들에서처럼 이 부분에서도 기독교 신앙이 벤저민 디즈레일리^{Benjamin Disraeli}의 표현처럼 "만인의 유대교" 역할을 했다면, 요지는 더욱더 분명해진다. 인간의 존엄성과 인권은 유대교와 기독교 신앙이 세상에 준 선물이다.

결론은 무엇인가? 이번 장은 이 주제를 대충 훑어본 정도에 지나지 않지만 그래도 요지를 입증하기에 충분하다. 교회가 저지른 악에 대해서는 무신론자들의 비판을 의당 인정하지만, "종교가 모든 것의 독소다"라는 크리스토퍼 히친스의 주장은 터무니없는 망언이다. 우리도 신학자 존 베일리와 더불어 더없이 진실하게 이렇게 고백할 수 있다. "역사 속에서 우리 사

회에 스며든 기독교의 사상과 이상理想은 모든 역사의 주인이
신 그분께 깊이 감사드려야 할 발전상이다."[9]

요컨대 기독교 신앙과 문화나 문명의 관계는 불가능할 정도
로 개연성이 낮지만, 그러면서도 부정할 수 없이 강력한 불가
분의 관계다. 이 관계는 늘 가변적이어서 다른 세대와 다른 사
회로 넘어갈 때 모양이 변하기 쉽다. 따라서 이것을 고정되거
나 경직된 방식으로 진술하거나 추구해서는 안 되며 항상 자
체적 역동성을 이해하고 중시해야 한다. 그 역동성의 한 핵심
부분을 다음 장에서 살펴볼 것이다.

위대한 우주와 그 모든 영광을 지으신 크신 창조주 하나님, 주님
이 행하신 모든 일에 감사드립니다. 모든 진선미를 사랑하시는 주
님, 우리에게도 주님 아래서 창조자가 되는 특권을 주시니 감사
합니다. 하지만 우리는 주님의 형상대로 지음받았으면서도 주님
을 대변하기에 형편없었고, 다스리고 누리라고 주신 세상에서 아
주 무책임한 청지기였습니다. 이런 우리를 용서하여 주소서. 이제
라도 주님 나라의 충실한 대행자가 되어 주님의 부르심을 잘 이행
하게 하소서. 그리하여 주님의 은사의 열매와 우리 마음의 구상과
우리 손의 노력으로 다시금 그 부르심에 걸맞고 주님을 대변하기
에 합당한 생활방식을 가꾸게 하소서. 예수님의 이름으로 기도합
니다. 아멘.

Questions

❶ 예수를 믿는 신앙과 문화 참여의 관계에 대한 성경적 관점을 당신은 어떻게 표현하겠는가? 당신이 아는 그리스도인들 사이에 그런 관점이 보편적인가?

❷ 신앙과 문화의 관계를 보는 관점들 중 열매가 풍성한 관계를 막는 몇 가지 잘못된 관점은 무엇인가?

❸ 예수께서 아예 태어나지 않으셨다면 서구 세계는 어떻게 되었겠는가? 서구 세계가 일부러 기독교의 모든 진리를 거부하고 고의로 자신의 과거를 부정하며 반박한다면 앞으로 어떻게 되겠는가?

4. 문화적 능력의 비결

우리는 과감히 묻는다. 기독교 신앙이 지닌 문화적 능력의 비결은 무엇인가? 교회의 적들은 오늘의 교회가 전혀 무능하다고 단언하며 큰 쾌재를 부르고, 갖은 수단을 다 동원하여 그 상태로 지속시키려 한다. 일부 그리스도인들도 모든 권력은 부패한다는 우려하에 능력에 대한 일체의 언급을 세상적인 일로 보고 저항한다. 결국 새로운 제왕적 타협으로 복음을 배반하게 된다는 것이다.

그런가 하면 위의 질문 자체가 엉뚱한 탐색을 유발한다고 말할 그리스도인들도 있다. 이런 비판자들에 따르면, 교회의 문화적 능력의 비결을 묻는 질문에 우리가 내놓아야 할 대답이란, 기독교 신앙이 진리이고 그 능력은 곧 하나님 자신의 능력이라는 말뿐이다. 그 이상도 그 이하도 말해서는 안 된다. 이렇게 본다면 다른 것은 하나도 중요하지 않고 다른 요인은 전혀 인정되지 않는다. 교회의 문화적 능력을 다른 원인에서 찾는다면 이는 마땅히 주님께만 돌려야 할 공로를 가로채는 일이며, 그러다 결국 우리는 자력을 믿는 자만심과 우매함에 빠진다는 것이다.

요컨대 이런 비판자들의 말대로라면, 과연 우리의 고백처럼 기독교 신앙이 진리이고 하나님이 하나님일진대, 다음 사실 외에는 어떤 설명도 찾아서는 안 된다. 즉 하나님이 그분의 사람들을 통해 능력으로 역사하셔서 그들이 그분의 도움으로 당대의 세상과 문화를 변화시킨다는 것이다. 행하시는 분은 하나님이다. 오직 하나님 한분뿐이다. 그것이 사안의 시작과 끝이요, 우리는 그 말만 해야 한다.

하지만 이런 태도 역시 절반만 너무 경건하다. 물론 성령을 통한 하나님의 능력이야말로 사람의 변화든 문화의 변화든 모든 참된 변화의 가장 깊은 원천이다. 하나님의 말씀은 우주를 생겨나게 했고, 하나님의 영은 바람처럼 움직여 창조하고 붙드신다. 그렇기 때문에 우리는 세상에 불가능한 변화나 불가항력의 저항은 없다고 담대히 단언할 수 있다. 가능한 미래 치고 우리가 도달할 수 없는 것은 없다. 믿음으로 우리는 산도

움직일 수 있다. 우리의 처음이자 나중이며 가장 큰 기여는 그분을 신뢰하는 것이다. 중요한 일과 꼭 필요한 일은 그분이 하신다.

하나님의 능력에는 의문의 여지가 없으며, 결국 우리는 늘 말씀과 성령을 전적으로 신뢰해야 한다. 다름 아닌 말씀 전체와 성령을 신뢰해야 한다. 또한 살다 보면 명약관화하게 하나님이 다 하시고 우리는 아무것도 하지 않을 때가 있다. 우리도 일말의 의심 없이 그 사실을 잘 안다. 인간의 자원이 미약하거나 전무하기 때문이다.

그러나 그게 전부인가? 정말 삶 전체에서 하나님이 다 하시고 우리는 아무것도 하지 않는가? 물론 그렇지 않다. 따라서 우리는 하나님의 주권과 인간 비중의 위대한 동역에서 그리스도인의 충실성과 순종이 어떤 역할을 하는지 얼마든지 물어볼 수 있다. 이런 동역은 삶의 나머지 부분뿐 아니라 문화 참여에서도 다를 바 없다.

분명히 성령을 통한 하나님의 능력이 늘 가장 결정적 요인이며, 우리는 그 궁극적 사실을 담대히 믿는다. 하지만 기독교 진리를 실천하면 거기에 엄청난 능력도 수반된다. 그것이 그 진리의 특성이요 문화적 형체다. 다시 말해 **예수를 따르는 우리가 부르심을 받은 대로 세상에서 복음대로 살아가면, 우리는 복음의 화신이 되어 그 진리의 특성과 형체를 표출하게 된다.**

그렇게 진리 가운데 살아갈 때 거기서 문화적 능력이 발휘된다. 그러므로 이것은 지극히 정당한 질문이다. 진리에 대한 그리스도인의 충실성과 순종은 어떻게 하나님의 목적과 능력에 협력하여 세상을 변화시키는가?

"진리의 특성과 형체"란 어떤 의미인가? 리처드 위버^{Richard} ^{Weaver} 이후로 "사상은 결과를 낳는다"는 말이 흔해졌다. 일정한 가정이 있으면 논리적으로 일정한 결과가 뒤따른다는 뜻이다. 그런데 우리는 이런 원리를 논리적·이론적 차원에만 국한시킬 때가 너무 많다. 물론 개별적 사상에도 자체적 논리가 있다. 하지만 사상들이 서로 맞물려 세계관처럼 일련의 사상을 이루고 다른 사상들과 함께 실천되면, 거기서 더욱 강력한 특성과 사회적 형체가 생겨난다. 이런 사상은 문화적 결과를 낳을 수밖에 없다. 다시 말해 우리 신자들이 문화 속에서 일련의 사상의 형체를 일관되게 실천하여 그것이 임계질량에 도달하면, 늘 어떤 식으로든 문화에 영향을 미치게 되어 있다. 좋은 쪽으로든 나쁜 쪽으로든 영향을 미칠 수밖에 없다.

요컨대 사상이 결과를 낳고 변화가 변화를 부르고 신념이 행동을 빚는다면, 세계관과 생활방식을 생생하게 실천할 때는 얼마나 더하겠는가. 얼마나 더 문화를 빚어 내겠는가. 예컨대 호주 원주민의 주거 환경, 태국의 불교 사찰, 중국의 공산당 국회, 캘리포니아 남부의 세속화된 현대 신도시 등을 잘 보

라. 그러면 각기 다른 세계관과 거기서 구현되는 각기 다른 생활방식 사이의 연관성을 누구나 쉽게 추적할 수 있다.

그렇다면 기독교 신앙의 경우는 얼마나 더 그렇겠는가. 기독교 신앙은 진리라서 능력이 무한히 차고 넘치기 때문이다. "공동의 생활방식"인 예수의 방식은 늘 엄청난 능력으로 문화에 영향을 미친다. 앞서 보았듯이 그것은 이미 많은 사회를 형성했으며 위대한 문명을 창출하기까지 했다.

복된 양날의 특성　　　　이렇듯 기독교 진리의 특징적 형체는 거기서 산출되는 문화의 형체와 깊은 관련이 있다. 그동안 많은 저술가들이 그 둘의 연관성의 각기 다른 측면을 연구했다. 깊이 파고 들어가 광범위하게 요지를 캐낸 사람들도 있고, 가벼운 언급으로 이런 통찰에 대한 인식만 내비친 사람들도 있다. 의도했든 그렇지 않든 그 과정에서 그들은 문화를 형성하는 기독교 신앙의 능력의 비결을 강조했다.

한 예로 C. S. 루이스Lewis의 에세이인 「몇 가지 생각」Some Thoughts을 들 수 있다. 거기서 그는 기독교 신앙이 "세상을 긍정함"과 동시에 "세상을 부정한다"는 점에서 다른 종교나 세계관과 확연히 구별된다고 역설했다. 기독교 신앙의 핵심에 "복된 양날의 특성"blessedly two-edged character이라는 "불멸의 역설"이 있다는 것이다.[1] 이 특징은 창조와 타락이라는 쌍둥이 교리의 직접적 산물이다. 그대로 실천하면 교회는 독특한 사회적 · 문화적 형체를 입어 문화에 특유의 영향을 미치게 된다.

고대의 유교나 현대의 세속주의 같은 일부 종교와 세계관은 무조건 세상을 긍정한다. 그들은 "해 아래의" 세상의 중요성, 지금 여기의 삶의 중요성을 부끄럼 없이 긍정한다. 이는 당연한 일이다. 그런 세계관의 신봉자들은 이 세상만 믿을 뿐 그 너머의 다른 세상이나 더 높은 존재에 대한 인식이 없기 때문이다. 막스 베버Max Weber의 명언처럼 이런 세속주의자는 다른 실재를 모르는 "음치"다. 대부분의 인간이 음악으로 우주를 이해하고 자신의 삶을 지휘할 때, 그들은 그 음악을 듣지 못한다. 피터 버거의 똑같이 유명한 은유로, 그들은 "창문 없는 세상"에 살고 있다.[2] 그들에게 실재란 천장과 벽 안의 이쪽이 전부다. 눈에 보이는 것보다 보이지 않는 것을 더 실재로 여기는 세계관들과 반대로, 이들은 눈에 보이고 오감으로 접할 수 있는 것만 믿는다. 보이지 않는 것은 실재가 아니다.

이와 정반대로 루이스에 따르면 어떤 종교와 세계관은 불교나 영지주의처럼 무조건 세상을 부정한다. 사실 불교는 인간이 이 세상에서 품는 모든 갈망을 가장 단호히 거부하는 종교다. 우리가 안다고 생각하는 지금 여기의 실재는 사실 모두가 "환영"幻影이며, 자유를 얻는 길은 그 환영에서 벗어나 일정 수

준의 정념^{正念}에 이르는 것뿐이다. 그러려면 "무아"를 발견하고 열반―번뇌가 소멸되는 불사^{不死}의 큰 호수―에 도달하는 과정을 거쳐야 한다.

그렇다면 기독교 신앙은 어느 편인가? 세상을 긍정하는가 부정하는가? 루이스에 따르면 기독교 신앙을 장부의 어느 쪽에 기입할 것인지에 대한 질문은 무의미하다. 양쪽 모두를 단호히 고수하기 때문이다. 하나님의 선언대로, 창조 세계는 좋았고 심히 좋았다. 이런 확실한 성경적 관점에 따라 기독교 신앙은 하나님이 선물로 주신 삶과 모든 풍요를 인생의 복으로 즐겁게 누린다. 세속주의자가 되지 않으면서 세속을 긍정하고, 세상적이지 않으면서 이 세상을 즐거워한다. 창조된 삶 전체를 하나님 아래서 기뻐한다.

루이스에 따르면 그래서 기독교 교회는 로마 제국이 망할 때도 생존하여 세속 문명의 남은 부분―"개화된 농업, 건축, 법률, 문맹퇴치 자체"―을 보전하는 주체가 되었다.[3] 그 뒤로도 계속해서 그리스도인들은 미술, 음악, 연극, 조각, 문학에 독특하게 기여했다. 지식을 추구하고 아름다움을 표현할 수 있는 장이라면 어디에나 기여했다. 그리스도인들은 또한 태양, 바람, 비, 눈, 계절 같은 하나님의 단순한 선물도 즐거워한다. 가족, 친구, 동지애, 음식, 포도주, 섹스, 스포츠, 기타 수많은 즐거움 등 일상생활의 모든 기쁨을 향유한다. 성 프란체스코의 「태양의 노래」에 표현된 감사를 생각해 보라. 태양 형제와 달 자매와 모든 동료 피조물 등 대자연으로 인한 감사가 넘쳐난다.

그러나 타락과 죄의 결과라는 성경의 똑같이 확실한 관점에 따라 기독교 신앙은 창조 세계뿐 아니라 십자가를 부끄럼 없이 자랑하고, 크리스마스의 만찬 못지않게 사순절의 금식도 중시한다. 충족뿐 아니라 희생의 중요성도 가르치고, 이 세상의 기쁨뿐 아니라 다른 세상의 소망도 가르친다.

물론 우리 그리스도인들도 죄인이다 보니 자연스러운 영적 균형감각을 잃을 때가 많이 있다. 예로부터 많은 그리스도인들이 성경적 균형을 잃고 어느 한쪽 극단으로 치우쳤다. 지금의 우리처럼 풍족한 시대에는 극히 세상적으로 기울기도 했고, 더 어둡거나 더 정돈된 상황에서는 루이스의 표현으로 "자연 질서를 몽땅 멸시했을" 뿐 아니라 세상에 대한 경멸을 기독교의 덕목으로 정당화하기까지 했다.[4]

그런 극단은 유감이지만, 중요한 것은 기독교 신앙 자체에 심오하고 놀라운 온전함이 내재되어 있다는 점이다. 따라서 신앙의 우선순위만 회복되면 그것이 늘 불균형을 바로잡아 주고 교회를 복음의 조화와 온전함으로 되돌아가게 한다. 다시 말하지만, 우리를 진리 가운데 살아가도록 재조정해 주는 것은 바로 기독교 진리의 사회적·문화적 형체다. 결국 그것이 결정적 요인이다.

대조법은 명료성의 어머니다　덜 알려진 또 다른 예로, 데이
　　　　　　　　　　　　　　　비드 마틴은 기독교 신앙과 마
르크스주의를 대조했다. 서구의 통념과 달리 마르크스주의는
세계의 몇몇 지역에 아직 멀쩡히 살아 있으며, 세계에서 인구
가 가장 많은 국가의 공식 이념으로 남아 있는 한 계속 그럴
것이다. 영국의 저명한 사회학자인 마틴이 글을 쓴 1970년대
에만 해도 아직 마르크스주의가 서구와 자유민주주의의 막강
한 대안이 아닌가 우려되던 상황이었고, 대다수 비평가는 특
히 서유럽과 교육받은 엘리트층에서 교회의 전망이 암담하다
고 보았다. 예컨대 매튜 아놀드^{Matthew Arnold}의 「도버 해안」^{Dover}
^{Beach}이라는 시가 대유행이었는데, 이 시에는 현대라는 해안에
서 "신앙의 바다"가 "스러져 가는 우울하고 긴 파도소리"만
이어진다.[5]

　그러나 마틴은 늘 당대의 지배적 합의에 용감히 맞섰다. 일
찍이 그는 모더니즘의 발전을 종교의 쇠퇴와 동일시하는 오랜
지배적 세속화 이론을 누구보다도 먼저 포괄적으로 비판한 바
있다. 교회와 마르크스주의를 대조할 때도 그는 교회에 대한
세간의 중론을 반박할 준비가 되어 있었다. 그 상충되는 두 진
리 주장과 두 세계관의 사회적 형체를 이미 오랫동안 고찰해

왔기 때문이다. 당시에 교회는 큰 궁지에 처한 듯 보인 만면, 마르크스주의는 강하고 자신만만해 보였다. 그러나 마틴은 반대로 보았다. 마르크스주의가 아무리 강해 보이고 교회가 아무리 약해 보여도 사실 전자에는 후자에 있는 두 가지가 없었다. 결국 그것 때문에 교회는 회생하고 마르크스주의는 몰락한다. 말할 것도 없이 이 대조는 공산주의 이외의 다른 이념들에도 적용될 수 있다.

마틴은 마르크스주의를 예리하고 정확하게 비판했다. "이 체제는 종교 비판이 모든 비판의 시작이라 주장했다. 그런 체제가 결국 일종의 종교가 되어 비판을 불허했다니 역설이 아닐 수 없다."[6]

왜 그렇게 되었을까? 한편으로, 마틴에 따르면 교회에만 있고 마르크스주의에 없는 것은 지속적 반성과 쇄신의 원천이 될 "자신의 실패에 대한 교리"다.[7] 마르크스주의와 특히 공산당은 절대로 자신의 잘못을 인정할 수 없다. 그래서 소련과 중국은 물론 캄보디아 등 다른 곳에서도 수많은 악을 합리화했다. 자신의 범죄와 거짓을 인정할 줄 모르는 그 암세포가 퍼져, 결국 가장 골수 신봉자들까지도 거의 다 공산당에 기겁하기에 이르렀다.

기독교 교회가 공산당보다 손이 깨끗했다는 뜻이 아니다. 예로부터 교회도 엄청난 악을 저질렀다. 예컨대 중세기의 유대인 대학살도 끔찍했고, 오늘날 성직자의 성희롱 스캔들도 그렇다. 하지만 중요한 차이는 기독교 신앙은 회피나 얼버무림을 허용하지 않는다는 것이다. 죄는 어디까지나 죄이며 적당히 둘러댈 수 없다. 그리스도인이 지어도 죄는 똑같이 죄다. 죄, 거짓, 악, 압제, 위선 등에 대해 하나님 앞에 두 가지 길이 있을 수 없다. 언제 어디서나 죄는 잘못이다. 하나님은 죄성과 죄의 행위를 둘 다 심판하고 정죄하신다. 그러므로 죄는 언제나 지적되어야 한다. 이런 진리를 믿는 사람들에게는 아래와 같은 확실한 결과가 뒤따를 수밖에 없다.

첫째, "자신의 실패에 대한 교리"는 오류를 범하기 쉬운 인간의 본성에 대해 그리스도인들이 그만큼 현실적이라는 뜻이다. 그리스도인과 그리스도인 지도자까지 포함하여 인간은 누구나 종종 잘못을 범한다. 따라서 인간의 악은 늘 가능한 일이지 결코 뜻밖의 일이 아니다. 우리는 그것을 예상하고 경계하고 최대한 예방한다. 정치적 견제와 균형도 그런 개념이다. 잘못을 누구라도 늘 범할 수 있음을 인정한다면, 또다시 그랬을 때 그 사실을 직시하기가 여전히 힘들지만 그래도 훨씬 덜 어렵다.

둘째, 기독교 신앙은 우리가 잘못을 범할 때마다 자진해서 솔직히 고백할 것을 우리에게 요구한다. 이 또한 힘든 일이며 당사자는 누구나 분명히 부끄러울 수 있다. 하지만 사실 이것은 용감한 도덕적 행위다. 자신의 치부를 드러내기란 어떤 인간에게도 쉽고 자연스러운 일이 아니다. 고백은 우리를 그 일로 부른다.

다른 한편으로, 마틴에 따르면 교회에만 있고 마르크스주의에 없는 것은 "역사를 초월하는 심판"이다.[8] 마르크스주의 교의대로라면 공산당은 역사의 뜻의 화신이다. 실제로 이는 소위 역사의 뜻이 크렘린 궁의 고집쟁이 노인들의 오류투성이 변덕과 괴벽에 놀아났다는 뜻이다. 물론 결국 역사가 지나간 뒤 크렘린 궁에 남은 것이라고는 미련하게 감히 역사의 대변자로 자처한 그 노인들뿐이었다. 어떤 인간도 전횡을 일삼을 수 없으며, 역사의 무오한 소리나 재판관 행세는 더 말할 것도 없다. 크렘린 궁도 그렇고 오늘날 서구 사회의 추세인 민심도 당연히 그렇다.

소련의 경우, 마르크스주의의 이 중대한 결함은 1989년에 당연한 응보를 받았다. 중국 공산당의 경우는 아직 그날이 오지 않았으나 반드시 올 것이며 이유는 똑같다. 마르크스주의는 자신의 실패를 인정할 줄 모르며 자신보다 상위의 권위가 없다. 따라서 반성과 쇄신이 불가능하다.

기독교 교회의 이력이 늘 더 좋았던 척한다면 역시 어불성설이다. 역사에서 보듯이 인간 지도자의 무오한 권위를 주장하는 것보다 더 타락을 부르는 일은 없다. 액튼 경은 독실한 가톨릭 평신도로서 자유를 사랑했는데, 1870년에 추기경들이 교황의 무오성에 찬성표를 던졌다는 말을 듣고 이렇게 신랄하게 꼬집었다. "그들은 들어갈 때는 목자였으나 양이 되어서 나왔다."

교회의 경우, 역사를 초월하는 심판은 성령의 감동으로 된 하나님의 말씀이다. 그 말씀은 성령을 통해 예수의 입에서 나왔고 지금은 성경 속에 있다. 다시 말하지만 가장 결정적 요인은 말씀이다. 다름 아닌 말씀 전체다. 물론 말씀과 성령에 대한 교회의 이해는 늘 당대의 문화에 일부 영향을 받으며, 때로 그 문화 때문에 치명적으로 왜곡되기도 한다. 그러나 말씀과 성령 자체는 모든 문화를 초월한다. 따라서 말씀과 성령이 직접 신적 권위로 말씀하시면 문화 속에 불가항력적으로 침투할 수 있고, 눈멀어 문화를 보지 못하거나 반대로 문화에 예속되어 있는 최악의 교회까지도 뚫고 들어갈 수 있다. 말씀과 성령은 음치도 듣게 만들고 문화적으로 죽은 사람도 다시 살릴 수 있다.

하나님의 말씀은 인간의 문화와 역사의 성쇠를 초월하는 강력하고 객관적인 불변의 말씀이다. 바로 그 말씀의 지고한 능력과 권위가 그리스도인의 반성의 참된 근원이자 쇄신의 참된 소망이다. 이 책 앞머리에 인용한 G. K. 체스터턴의 재치 있는 소망의 배후 원천도 바로 이것이다. "기독교 신앙이 모든 면에

서 변질된 적이 최소한 다섯 번인데, 그때마다 죽은 것은 신앙 자체가 아니라 변질된 사람들이다."⁹

하나님의 도성과 문화 속 교회의 위상과 능력을
이 세상의 도성 가장 심도 있고 광범위하게 설
명한 책은 성 아우구스티누스의 『하나님의 도성』이다. 주후
410년에 알라릭^Alaric 왕이 이끄는 서고트족이 로마를 약탈했
다. 이 사건은 문명 세계에 충격을 주었다. "영원한 도성"의 함
락은 믿을 수 없는 일이었고, 이 재난이 누구 또는 무엇 때문
인가를 두고 그리스도인과 이교도들 사이에 격론이 벌어졌다.
이교도들의 말대로 로마인이 신들을 버리고 기독교의 참 유일
신을 따랐기 때문에 신들이 로마를 버린 것일까? 시저보다 하
나님을 높이다 보니 로마에 대한 애국심과 충성심을 잃은 것
일까? 방대하게 뻗어 나간 제국을 다스리려면 종종 엄격하고
무자비한 통제가 요구되는데, 사랑과 용서의 윤리를 내세우는
그리스도인들은 그러기에 너무 유약했던 것일까?

3년 후에 아우구스티누스는 토론에 가담하기로 결심하고
413년부터 『하나님의 도성』으로 자신의 답을 내놓기 시작했
다. 10년도 더 걸려 완간된 이 책은 그의 대표작이 되었다. 첫
열 권에서는 일련의 강력한 그러나 다소 예측 가능한 답변으
로 이교도들의 비난을 논박했다. 그러나 그 이후부터는 인류

의 이야기를 더 깊이 고찰하면서 역사에 대한 방대한 비전과 두 도성의 이론을 제시했다. 바로 하나님의 도성과 인간의 도성이다.

근본적으로 인류는 마음을 기준으로 둘로 나뉜다. 자아를 사랑하여 자신에게 마음을 바치는 사람들이 있고, 하나님을 사랑하여 그분께 마음을 바치는 사람들이 있다. 이 두 마음에서 두 인류와 두 생활방식과 결국 두 도성이 나온다. 하나님의 도성은 예루살렘으로 대표되는 천상의 도성이고, 인간의 도성은 이전의 바빌론과 당시의 로마로 대표되는 지상의 도성이다.

결정적으로 중요한 것은 두 도성의 관계다. 지금 여기서 단기적으로는 양쪽이 섞여 있어 구별되지 않고 종종 갈라 내기가 어렵다. 그러나 출발점도 종착점도 양쪽이 전혀 다르기 때문에 장기적으로는 상호배타적이고 철두철미하게 다르다. 그러므로 그리스도인은 지상의 도성이 아니라 천상의 도성에 충성을 바쳐야 한다. 하나님의 도성의 시민인 우리는 이 땅에 잠깐 체류할 뿐이며, 따라서 이 세상의 도성에서는 "거류 외국인"에 지나지 않는다.

먼저 발표된 아우구스티누스의 고전 『참회록』은 구도자 개인에 관한 책이다. 즉 하나님 안에서 개인적 충족에 이르기 위한 신앙 여정이다. 반면에 『하나님의 도성』은 역사의 흐름과 국가들에 관한 책이다. 즉 하나님 나라를 향한 그리고 평화와 정의와 샬롬의 세상을 향한 길이다. 사람은 누구나 무엇이 진리이고 무엇을 자신의 세계관과 생활방식으로 삼을지 결정해야 하듯이, 또한 자신의 충성을 세상의 도성에 바칠지 천상의 도성에 바칠지도 결정해야 한다.

두 도성과 그 둘의 관계에 대한 아우구스티누스의 비전은 한편으로 예수에 대한 이해와 밀접한 관계가 있고, 또 한편으로 하나님께 충실한 사람들과 그들이 살고 있는 세상의 관계라는 성경의 단골 주제와 긴밀하게 맞물려 있다. 예수께서 겟세마네 동산에서 아버지께 기도하셨듯이, 그분을 따르는 사람들은 세상 "안에" 있되 세상에 "속해서는" 안 된다.요 17:11, 14, 16 성 바울도 로마의 그리스도인들에게 권면한 유명한 말에 동일한 긴장을 담아 냈다. 세상을 "본받지" 말고 마음을 새롭게 함으로 "변화를 받으라"는 것이다.롬 12:2 초대 교회는 출애굽기에서 이런 긴장의 모형을 보았다. 이스라엘 백성은 "이집트의 금을 노략"하되 "금송아지"를 만들어서는 안 되었다.출 11:2, 32:1-35 더 최근으로 와서 1975년에 발표된 하트포드 선언Hartford Declaration의 표현으로, 그리스도인들은 "세상을 위하여 세상을 대적하도록" 부름받았다.

이렇듯 예수와 성경의 가르침에 아우구스티누스가 설명을 부연했거니와, 그것이 바로 교회의 복음이 문화를 형성하는 능력의 핵심 비결이다. 교회가 양극단으로 가면 무력해지고 시의성을 완전히 잃는다. 너무 "세상 안에" 있어 세상에 속하여 세상처럼 되어도 그렇고, 반대로 너무 "세상에 속하지 않아" 아예 세상에 없는 게 나을 정도로 현실을 도피해도 그렇다. 그러나 교회가 세상 "안에" 있되 세상에 "속하지" 않고 그리하여 하나님의 도성이 인간의 도성과 서로 만나면, 문화를 형성하는 교회의 능력이 그 비결을 발휘한다. 그러려면 교회가 충실하고 시대를 분별해야 한다. **지적·사회적 긴장을 유지하여 세상 "안에" 있되 세상에 "속하지" 않으면 비판적 거리를 둔 참여가 가능해진다. 바로 이것이 문화를 형성하는 교회의 능력의 원천이다.**

요컨대 결정적 능력은 언제나 말씀과 성령을 통한 하나님의 능력이다. 그러나 교회 쪽에서도 인간의 세 가지 분명한 요인으로 기여한다. 바로 참여와 분별과 거부다. 우선, 교회는 늘 참여하도록 부름받았다. 교회는 충실하게 순종해야 한다. 자신의 모든 취향은 제쳐 두고 주께서 명하신 대로 분명한 목적을 가지고 세상에 참여해야 한다. 다음으로, 교회는 분별하도록 부름받았다. 영적·문화적 분별력을 구사하여 당대 세상의 최선과 최악을 가려내야 한다. 그래서 세상 "안에" 있어야 할 부분과 세상에 "속하지" 말아야 할 부분을 명확히 보아야 한다. 마지막으로, 교회는 거부하도록 부름받았다. 예수와 하나님 나라의 방식에 어긋나는 것이라면 절대로 본받거나 동조하지 말고 무엇이든 단호히 거부해야 한다.

근래에 미국 복음주의자들은 어리석게도 개신교 자유주의의 실수에서 배우지 못했고, 어떻게든 자신들의 최신 과거인 근본주의의 모든 오점에서 벗어나 "시의성 있고 구도자에 민감해지려" 했다. 그 바람에 그들은 이 필수적 양면성, 곧 신중한 양날의 입장을 대체로 망각했다. 본인들은 잘 모르지만 그들은 다분히 미국 신도시의 영적 이모티콘이 되어 미소만 짓고 있다.

T. S. 엘리엇이 더 충실하고도 현실성 있게 다음과 같이 썼다. "딱 잘라 말해서 교회와 세상의 영속적 타협이란 있을 수 없다."[10] 크리스토퍼 도슨도 존 헨리 뉴먼John Henry Newman의 표현을 빌려 비슷하게 말했다. "세상을 거스르고 다수의 목소리에 대항하는 것이 곧 그리스도인의 본분이다."[11] 라인홀드 니버Reinhold Niebuhr도 똑같이 단호했다. "현대 교회는 이런 세속적 흥미를 사회적 열정으로 치부하지만, 이는 교회가 사회에 예속되었다는 증거이기도 하다. 세상이 완전히 편하게 느껴지는 종교는 맛 잃은 소금이다. 세상을 버리는 전략이 없다면 세상의 죄를 지적할 전략도 없다."[12] 그 전에 이미 G. K. 체스터턴이 "시체는 물결에 떠내려가고 생명체만 역류할 수 있다"고 이 문제를 명백히 지적한 바 있다.[13]

하나님의 능력 아래서 이 세 가지 요인—헌신적 참여, 문화의 분별, 용감한 거부—이 합해져 세상과의 창의적 긴장을 낳고, 그 긴장 속에서 문화가 형성된다. 문화를 변화시키는 것은 언제나 하나님의 능력이지만, 그분의 능력은 그분의 사람들 속에 역사한다. 그들은 그분께 잘 맞추어져 있고, 그분의 진리 가운데 살아가며, 각자의 세대에서 그분의 목적에 부합한다.

물론 가장 큰 능력은 임계숫자의 그리스도인들이 그처럼 사회에서 함께 진리 가운데 살아갈 때 발휘된다. 하지만 설령 그런 임계질량에 이르지 못하더라도, 진리 가운데 살아가는 삶은 모든 그리스도인 개개인의 소명이다. 각 그리스도인 자체가 곧 세상의 밀고 당기기와 예수의 부르심 사이에 벌어지는 싸움의 장이기 때문이다. 그렇다면 각자의 회심으로부터 조용한 개인적 혁명이 일어나 회심자의 사생활이 변화되어야 한다는 뜻이다. 그것이 다시 넓은 사회에서 공공의 사회적 혁명으로 이어진다. 그런 생활방식과 사고방식은 하나님의 집단적 백성을 통해 퍼져 나가고 예시되기 때문이다.

그래서 그리스도인은 외부에서만 기인하는 현대의 혁명적 변화를 믿지 않는다. 그런 변화는 항상 너무 얄팍하여 오래가지 못한다. 또한 그리스도인은 그저 세상에 "존재하는" 것만으로 만족하지도 않는다. 세상을 바꾸는 열쇠는 단순히 우리가 그 속에 있는 게 아니라, 아주 강건하고 활기차게 능동적으로 참여하여 변화를 이루어 내는 것이다. 오늘의 많은 그리스도인들에게 중요한 것은 세계관을 지적으로만 얄팍하게 이해하는 차원에서 벗어나 더 깊이 들어가야 한다는 점이다. 세상을 변화시키는 것은 완전히 정립된 기독교 세계관이 아니라, 그 세계관대로 **실제로 사는 삶**이다. 다시 말해 그리스도인의 삶을 통해 말씀이 다시 육신이 되어야 한다.

핵심 질문   "안에 있되 속하지 않는다",
          "본받지 말고 변화를 받으라",
"금은 되지만 금송아지는 안 된다", "세상을 위하여 세상을 대적하라", "이미 그러나 아직은 아니다." 이런 원리를 말하기는 쉽다. 너무 쉬울 정도다. 문구마다 그 균형 자체가 우리를 매료한다. 마치 말만 하면 그렇게 될 것 같고, 아름다움과 균형이 저절로 이루어질 것 같다. 과연 우리는 발전된 역사관에 힘입어, 과거의 양극단이 너무 뻔히 표가 난다고 생각하는 경향이 있다. 우리만은 완벽한 균형의 자리에서 보고 있으며, 따라서 이전 세대들처럼 그렇게 뻔한 과오를 범할 리 만무하다는 것이다.

하지만 정말 그럴까? 오히려 그런 망상보다 더 불균형과 양극단을 지속시키는 것은 없다. 우리는 누구나 문화적으로 늘 자신의 생각보다 더 근시안적이며 당연히 불균형도 더 심하다. 균형이 부족하여 그 불균형을 알아차릴 수도 없다. 이전 세대들보다 나아진 상태를 우리가 얼마나 쉽게 당연시하는지 생각해 보라. 예컨대 "빅토리아조"나 "청교도"를 언급할 때 우리 현대인에게 떠오르는 생각은 무엇인가? 하지만 그 우월감은 망상, 곧 일종의 세대 망상이다. 그 이유는 간단하다. 이미 다 지난 일이니 과거 세대들의 잘못이 보이는 것이지, 그게 아니라면 우리도 볼 수 없기 때문이다.

우리의 손자 세대와 그들의 손자 세대는 훗날 우리를 어떻게 생각할까? 그 평가를 지금 들을 수 있다면 우리는 더 겸손해지다 못해 굴욕감이 들지도 모른다. 때로는 지금 자녀들의 눈에 우리가 어떻게 비치는지만 알아도 기분이 아찔해진다. 의심의 여지 없이 우리는 "철저히 21세기적"이다. 빅토리아조 사람들이 19세기의 산물이었고 청교도들이 16-17세기의 산물이었던 것과 똑같다.

충실한 현재의 삶만으로는 부족하다. 그것은 시작일 뿐이다. 예수는 단지 세상에 현존하신 게 아니라 그 훨씬 이상이었다. 더할 나위 없이 능동적이셨다. 그분은 다방면으로 가르치셨고, 각종 병에 걸린 수많은 사람을 고치셨고, 귀신들린 자들을 해방시키셨고, 성전에서 환전상을 쫓아내셨고, 죽은 자들을 살리셨고, 위선을 지적하셨고, 작정하고 예루살렘에 올라가 능동적으로 죽음을 택하셨다. 그렇다면 그분처럼 우리도 존재하기만 할 것이 아니라 능동적이 되어야 한다. 세상에 온전히 헌신하면서도 그 헌신한 세상에 대해 죽어야 한다. 그러면 우리도 조금이나마 세상과의 사이에 비판적 긴장을 불러일으킬 수 있고, 그것이 문화를 형성하는 능력의 원천이 된다. 교회만이 이런 능력을 발휘할 수 있다.

사실 이 원리는 말하기는 쉽지만 행하기는 어렵다. 현대 세계가 가차 없이 압력을 가해 오기 때문이다. 그래서 정말 이 시대에 변화와 참여의 주역이 되고 싶다면, 우리도 늘 레닌처럼 물어야 한다. 누가 누구를 변화시킬 것인가? 교회가 문화를 형성하는가, 아니면 문화가 교회를 형성하는가? 그런데 이런 질문들의 배후에는 그보다 앞서야 할 다른 질문들이 전제된다. 우리는 세상을 충분히 잘 아는가? 세상이 어디서 어떻게 우리를 세상의 틀에 집어넣으려 하는지 아는가? 또 우리는 신앙을 충분히 잘 아는가? 세상의 틀이 어디서 유익하고 어디서 해로울지 아는가? 요컨대 우리는 세상에 있되 세상에 속하지 말라는 주님의 부르심에 최대한 근접해야 한다. 이 도전에 부응하려면 충실성이나 순종뿐 아니라 분별력도 필요하고, 기꺼이 대가를 계산하고 세상을 거부하려는 자세도 필요하다.

하나님은 세상—곧 세상 사람들—을 사랑하시며, 그런 의미에서 우리도 세상을 사랑해야 한다. 그러나 하나님은 그분의 나라를 대적하는 세상의 정신과 시스템을 사랑하지 않으시며, 우리도 그것을 사랑해서는 안 된다. 그러므로 세상을 이해해야 할 긍정적 이유 중 하나는 우리도 세상을 사랑하여 세상을 향해 증언하고 싶기 때문이다. 세상은 우리의 증언을 들을 사람들의 사회적 장이기 때문이다. 동시에 세상을 이해해야 할 부정적 이유 중 하나는 세속성의 위험 때문이다. 우리가 세상의 정신과 형체를 분별하지 않으면 세상이 늘 우리를 부지중에 세상의 틀에 집어넣으려 위협할 것이다.

그러나 우리의 현 논의상 세상을 이해해야 할 최고의 긍정적 이유는 변화를 낳는 참여의 역동성 때문이다. 참으로 우리가 세상에 있되 세상에 속하지 않는다면─세상에 온전히 참여하되 세상과 전혀 같아지지 않는다면─세상과의 사이에 비판적 긴장을 불러일으킬 수 있다. 그 긴장은 충실성과 분별과 거부에서 태동한다. 예수의 교회가 이렇게 살면 교회는─하나님 아래서─세상 최고의 변화의 주역이 된다.

그러나 늘 그렇듯이 "주여, 영광을 우리에게 돌리지 마옵소서." 영광은 하나님의 몫이고 공로는 복음의 진리에 돌아간다. 세상을 변화시키는 것은 우리 자신이 아니라 진리 가운데 살아가는 우리의 삶이다. 우리는 부름받은 대로 예수의 방식이라는 진리를 실천하는 작은 역할을 감당할 뿐이다.

오 만군의 주여, 주님의 지고하신 능력을 늘 인정하게 하소서. 이 땅의 온갖 권세 위에 뛰어나신 모든 권세와 능력의 하나님이여,

감히 주님의 자리를 찬탈하거나 우리의 미미한 통찰과 보잘것없는 능력을 주님의 것과 혼동하지 않게 하소서. 삶의 모든 영역에서 주님의 진리대로 사는 법을 배우게 하소서. 그리하여 하나님의 아들이신 우리 구주 예수께서 세상을 대하신 것처럼 우리도 작고 부족하게나마 똑같이 대하게 하소서. 또한 동료 인간들 사이에서 누구나 알아볼 만한 주님의 참 제자가 되게 하소서. 그리하여 주님의 이름을 높이고 주님의 진리를 예시하게 하소서. 예수님의 이름으로 기도합니다. 아멘.

Questions

❶ 그리스도인 제자들이 세상과 맺어야 할 충실하고도 독특한 관계는 무엇인가? 지난 역사 속에서나 오늘날에나 그 관계가 삶으로 잘 실천된 예는 무엇인가?

❷ 오늘날 그리스도인들이 하나님의 능력보다 현대의 지식과 기술의 능력을 의지하여 하나님의 자리를 찬탈할 위험이 있는 부분들은 어디인가?

❸ "진리 가운데 산다"는 것은 실제적으로 어떤 의미인가?

5. 하나님 나라의 역동성

그리스도인들 사이에서 하나님의 주권과 인간의 비중에 대한 끝없는 변론보다 더 무익한 논쟁은 별로 없다. 이 논쟁은 지금 우리가 다루고 있는 주제에까지 끼어든다. 문화를 변화시키는 본격적 일은 하나님의 몫인가 우리의 몫인가, 아니면 양쪽 다인가? 전체적으로 이 이슈에 대한 전반적 논의는 분명히 비생산적이었다. 너무 많은 시간이 낭비되었고 너무 많은 잉크가 소모되었다. 또한 불화 때문에 너무 많은 그리스도인들이 서로를 진정한 그리스도인이 아니라고 매도했다.

현 논의에 요지를 적용하려면 몇 가지 단순한 진리를 되새길 필요가 있다. 첫째, 성경에 명백히 나와 있듯이 어느 한쪽만이 아니라 양쪽의 진리가 공히 실재를 구성한다. 하나님은 주권적이고 우리는 비중이 있다. 하나님께서 우리를 그렇게 지으셨다. 둘째, 역사에서 똑같이 명백히 보듯이 인간의 이성으로는 두 진리를 다 설명할 수 없다. 양쪽을 다 설명하려 해도 매번 결국에는 한쪽 진리만 강조하고 다른 쪽은 배제하게 된다. 어떤 부류는 하나님의 주권을 중시하고, 어떤 부류는 인간의 비중을 중시한다. 셋째, 성경과 기독교 역사의 교훈대로 우리는 양쪽의 진리 모두에 굳게 의지하는 가운데 가장 필요한 때 가장 필요한 쪽을 적용해야 한다.

이런 접근이 단순논리라든가 심지어 불공정하다 하여 불신하는 사람들도 있다. 그들에게는 성경과 기독교 교회사에서 이 접근이 실천된 무수한 예를 지적해 주고 싶다. 성 바울이 파선당한 사도행전의 이야기는 많은 이유에서 주목할 만하다. 특히 고전 문헌에서 파선에 관한 가장 긴 기록이기 때문이다. 그러나 이것은 실생활 속에서 하나님의 주권과 인간의 비중을 양쪽 다 굳게 고수한 더할 나위 없이 분명한 예이기도 하다.

한편으로 그 기사에는 하나님의 주권이 의문의 여지 없이 명백히 상술된다. 풍랑이 악화되어 죽음의 위험이 일촉즉발로 임박했을 때, 하나님이 보내신 천사가 바울을 이렇게 안심시킨다. "바울아, 두려워하지 말라. 네가 가이사 앞에 서야 하겠고 또 하나님께서 너와 함께 항해하는 자를 다 네게 주셨다."

나중에 바울은 "너희 중 머리카락 하나도 잃을 자가 없으리라"며 배 안의 모든 사람에게 음식을 먹으라고 권한다.[행 27:24, 34] 이 두 발언은 모호한 구석이 없고 더 이상 명확할 수 없다. 예외 조항이 없다. 조건이나 반전이나 유보나 단서도 없다. 하나님이 주권적으로 말씀하셨고, 결국 그 말씀대로 되었다. 승객과 선원 276명은 널빤지나 난파한 배의 잔해에 의지하여 전원 상륙하여 목숨을 건졌다. 무섭고 지루한 시련이었지만 "마침내 사람들이 다 상륙하여 구조되었다."[행 27:44]

다른 한편으로 인간의 비중도 중요한 역할을 했음이 이 기사에 똑같이 분명히 나와 있다. 바울은 하나님의 약속만 믿고 그 위험한 중에도 선실에 들어가 잠을 잔 게 아니다. 그는 일개 죄수에 지나지 않았고 뱃삯을 낸 승객들 사이에서 아무런 지위도 없었다. 그러나 사슬에 매인 몸임에도 불구하고 그는 모두를 안전하게 이끄는 지도자 역할을 했다. 중간에 선원들이 자기들만 무사히 빠져나가고 다른 사람들은 다 죽게 내버려 두려 했을 때, 바울이 자기를 지키는 로마 백부장에게 말하여 그들을 막았다. "이 사람들이 배에 있지 아니하면 너희가 구원을 얻지 못하리라."[행 27:31]

바울의 이 말의 논리를 곰곰 생각해 봄직하다. 그는 전원 구조를 약속하신 하나님의 원안에 제한을 둔 것인가? 결과가 어떻게 되어도 하나님의 잘못이 없도록 면책 조항을 덧붙인 것인가? 전원이 무사하리라고 하나님이 친히 말씀하시지 않았던가? 그런데 바울은 지금 조건을 달고 있다. 군인들의 다음 행보가 모든 사람에게 결정적 영향을 미칠 것이라고 말하고 있다. 백부장이 바울의 말을 무시하면 어떻게 될까? 결과가 천사의 말대로 될까, 바울의 말대로 될까? 그나저나 로마 장교가 유대인 죄수의 충고에 따라야 할 이유가 무엇인가? 군인들이 순종하려 했으나 끝내 선원들을 막지 못했다면 어떻게 되었을까?

잠깐의 괴로운 시간 동안 마치 바울이 주님의 말씀을 위험에 빠뜨린 듯 보였다. 선원들이 자기 목숨을 건지려고 물에 띄운 구명보트처럼, 주님의 말씀도 배 옆에 위태롭게 매달려 있었다. 그러나 백부장은 바울의 말을 들었다. 군인들이 얼른 나서서 선원들을 막아 전부 함께 배에 남았고, 그리하여 결국 전원이 무사했다. 결과는 하나님의 말씀대로 되었다. 그러나 아주 비중 있고 적극적인 바울의 참여가 중대한 역할을 했다.

하나님은 더 이상 불필요한 존재인가

하나님의 주권과 인간의 비중이 서로 어떻게 협력하는지는 신비이며 늘 신비로 남을 것이다. 하지만 늘 신비인 그것은 동시에 불합리가 아니라 실재다. 성육신과 삼위일체의 진리처럼 이 신비도 우리를 깨우쳐 준다. 삶의 많은 영역에서 어떻게 살

아가야 할지를 우리에게 가르쳐 준다. 특히 지금 논의 중인 주
제—사회와 세상을 변화시켜 차이를 낳는 부분—에 대해서
는 더 말할 것도 없다. 이 신비는 발전된 현대 세계가 강하게
제기하는 다음과 같은 단순한 질문에 빛을 비추어 준다. 인간
의 지혜와 재주로도 거의 못할 일이 없는 세상에서 우리에게
정말 하나님이 필요한가? 우리의 세상을 그분이 변화시켜 주
셔야 하는가?

광야에서 큰 시험을 받으실 때 예수께서는 모세가 이스라엘
에게 했던 신명기의 말을 마귀에게 단호히 상기시켰다. "사람
이 떡으로만 살 것이 아니라."^{눅 4:4; 신 8:3} 그러나 우리보다 더 그
가능성에 근접했던 세대는 일찍이 없었다. 즉 우리는 자립하
여 거의 과학으로만, 첨단기술로만, 관리로만, 의약으로만, 학
문과 연구의 많은 열매로만 살 수 있을 지경이 되었다.

그러니 오늘날 누구에게 하나님이 필요한가? 모든 "틈새의
신"(과학으로 설명되지 않는 부분이 곧 신이 존재한다는 증거라는 신
학적 관점—옮긴이)이 알다시피, 현대 세계는 그 틈새를 좁히다
못해 거의 소멸시켰다. 하지만 그렇게 표현하면 위의 질문에
18세기의 회의론이나 근래의 신흥 무신론자들의 반항이 묻어
난다. 동일한 질문을 더 겸손하고 신앙에 걸맞게 바꾸면 이렇
게 된다. 우리에게 세상을 변화시켜 주실 하나님이 정말 필요
한가, 아니면 하나님은 우리 스스로 그 일을 하기를 바라시는

가? 하나님을 신뢰함과 그분이 주신 우리 자신의 지혜와 능력에 의지함 사이에서 어디에 선을 그을 것인가? 사실 우리에게 풍성한 자원을 주신 분도 하나님이고, 그분께 받은 은사와 삶속에 주어지는 기회를 최대한 활용하여 삶을 창출하도록 부르시는 분도 하나님이다.

두말할 것도 없이 우리 세대는 비범한 세대다. 우리는 하나님 없이 달에 사람을 보낼 수 있다. 하나님 없이 자동차나 향수를 시장에 내놓을 수 있다. 이제는 하나님 없이 교회도 성장시킬 수 있는 듯 보인다. 이미 우리는 인간의 유전자를 비롯하여 수많은 신비의 암호를 해독했다. 과거 세대들이 꿈이나 꾸던 일들을 우리는 어떻게든 성취할 수 있다. 그러니 우리에게 사회와 세상을 변화시켜 주실 하나님이 정말 필요한가? 하나님은 우리가 현대의 최상급 지혜를 활용하여 잘 해나가기를 바라지 않으실까?

실로 엄청난 가능성이 오늘의 세상을 부르고 있다. 미래는 용감한 자들의 몫이다. 인생의 거의 모든 분야에서, 일이 돌아가는 비결과 그것을 인간의 뜻대로 처리할 수 있는 방법이 연구를 통해 밝혀지고 있다. 지금 우리가 논의 중인 분야도 물론 마찬가지다. 현행 최고의 학문을 통해 우리는 사상이 세상을 변화시키는 이치를 이전 어느 때보다도 더 잘 알고 있다. 그렇다면 이제 우리 그리스도인들이 그 최고의 학문을 활용하여

("이집트의 금을 노략하여") 기독교의 원리와 관점에 맞게 세상을 변화시킬 운동을 출범하기만 하면 되는 것 아닌가? "모든 진리는 하나님의 진리다"라고 하지 않았던가? 그러니 현대의 학문이라 해서 어찌 예외겠는가?

하지만 그렇게 급히 서두를 일이 아니다. 오늘날 최고의 사고는 탁월할 수 있고, 그 결과물은 진실할 수 있으며, 그 응용은 수많은 분야에 유익할 수 있지만, 동시에 인식해야 할 점이 있다. 우리와 우리가 바라고 갈망하는 최선의 목표 사이에는 항상 두 가지 장벽이 있다. 한편으로 우리가 다루는 재료가 이상하고, 그것을 다루는 우리도 이상하다. 아무리 최선을 다해도 우리의 노력은 원죄 — 인간의 "삐딱한 성질"(임마누엘 칸트), "흠집 난 인간"이라는 사실(존 그레이John Gray) — 때문에 늘 모순과 한계로 점철될 수밖에 없다. 큰 뜻을 세워도 바라고 계획한 대로 풀리지 않을 때가 많다. 설령 뜻대로 풀려서 부작용이나 뜻밖의 결과 때문에 틀어지지 않는다 해도, 우리의 성공은 아무리 대단해 봐야 늘 "이 또한 지나가리라"의 지배에서 벗어날 수 없다.

그리스도인의 경우, 성경과 역사의 가르침이 합세하여 현실주의와 겸손이라는 동일한 교훈을 강조한다. 물론 우리의 최선의 노력은 엄청난 가치가 있다. 우리는 시지포스Sisyphus처럼 부조리한 벌을 선고받지 않았다. 그가 언덕 위로 굴리는 돌은 부질없이 도로 굴러 내려올 뿐이다. 하나님 아래서 그리고 예수의 부활 이후에 우리의 일은 결코 헛되지 않다. 우리의 노력은 가치 있고 실속 있다. 그 자체로도 그렇고, 장차 올 훨씬 나은 세상의 실재에 대한 보증금이라는 측면에서도 그렇다. 하지만 지금의 세상에서는 누구도 괴테^{Johann Wolfgang von Goethe}가 권고한 "단호한 삶"에 부응하여 "미완의 습관을 떨칠" 수 없다.[1] 우리의 어떤 노력도 순수하고 영속적인 성공에 도달할 수 없다. 일이 완결되는 경우도 드물다. 우리의 수고가 궁극적으로 헛되거나 내버려져서가 아니라—무의미한 우주의 무신론자에게라면 그렇겠지만—이생에서 이룰 수 있는 최고의 성취도 결국 미완일 수밖에 없기 때문이다. 진정 늘 뭔가가 더 남아 있고 최고는 아직 오지 않았다.

다른 한편으로 우리의 최고의 생각이 아무리 똑똑하고 대담할지라도, 알다시피 하나님 나라는 말 그대로 하나님의 나라이지 우리의 나라가 아니다. 따라서 우리의 방식이 아니라 하나님의 방식대로 진척된다. 하나님이 선지자 이사야를 통해 자신의 백성에게 일깨우신 것과 같다.

"이는 내 생각이 너희 생각과 다르며
내 길은 너희의 길과 다름이니라." 여호와의 말씀이니라.
"이는 하늘이 땅보다 높음 같이

내 길은 너희의 길보다 높으며

내 생각은 너희의 생각보다 높으니라."[사 55:8-9]

하나님의 생각을 알 수 없다는 말이 아니라, 그분의 생각이 우리의 생각과 다르고 우리의 생각보다 높다는 말이다. 따라서 우리는 그분을 따라야지 그저 우리의 최고의 사상을 따라서는 안 된다.

하나님의 길이 우리의 길과 정확히 어떤 관계인지는 신비이며, 지금 여기서 알기를 바라서는 안 된다. 여기서는 거울로 보는 것 같이 희미하다. 하지만 이 신비는 우리가 부름받은 동역을 설명해 준다. 하나님은 주권적이고 그분의 나라는 그분의 방식대로 진척된다. 그러나 우리도 비중이 있다. 하나님이 쓰시는 방식을 우리가 늘 아는 것은 아니지만, 활기차고 겸손하게—그리고 신뢰하며—힘쓰는 것이 동역자로서 우리의 본분이다.

해 아래의 지혜　　　　　사상은 사회에 어떤 영향을 미치고, 세상은 어떻게 변화되는가? 대단히 중요하게도 이를 이해하는 데 현대 최고의 학문이 큰 도움이 된다. 물론 그런 식으로 배우는 모든 것은 전도서 저자의 말대로 "해 아래"의 지식이며, 따라서 이 세상 도성의 방식일 뿐이다. 하나님의 도성의 방식은 흔히 그와 다르다. 그러나 인간의 도성의 지혜도 고작 "해 아래"치고는 얼마든지 정확할 수 있다. 이런 지식은 수많은 영역에 실제적이고 유익한 통찰을 줄 수 있으며, 이를 무시하면 우리만 손해다.

중요한 것은 인간의 도성의 지혜가 그리스도인들에게 결코 최종 권위가 아니라는 사실이다. 최종 권위는 늘 하나님의 도성의 지혜에 있다. 그러므로 우리는 하나님의 도성의 방식과 인간의 도성의 방식의 차이뿐 아니라, 인간의 도성에서 오는 상이한 두 종류의 교훈도 더 확실히 구분해야 한다. 우선 사상이 세상을 어떻게 변화시키는가에 대한 **기술**記述이 있다. 이것은 어느 정도 정확하다. 다음은 그 기술에 기초하여 사상이 세상을 어떻게 변화시킬 수 있고 변화시켜야 하는가를 말하는 **처방**이 있다. 기술은 대개 정확하고 유익하다. 처방도 그럴 수 있으나, 인간의 도성에서 기독교 가치관이 아닌 다른 가치관이 더 큰 역할을 하다 보니 그만큼 위험도 커진다. 따라서 처방에는 더 꼼꼼한 평가가 요구된다. 예컨대 현대의 마케팅은 인간이 어떻게 행동하는가에 대한 정확한 심리학적 · 사회학적 기술에 기초한다. 그러나 그 기술에 따라 나오는 전략은 대개 매우 조작적이고 반감을 준다.

그렇다면 사상이 어떻게 세상을 변화시키는가에 대한 현행 최고의 이해—예컨대 랜들 콜린스Randall Collins의 『철학의 사회학』*The Sociology of Philosophies*이나 제임스 데이비슨 헌터의 『기독교는 어떻게 세상을 변화시키는가』와 같은 책들—로부터 우리가 배울 수 있는 것은 무엇인가? 최근의 학문에서 세 가지 근본적 교훈이 명백히 드러났다. 블레즈 파스칼*Blaise Pascal*이 『팡세』*Pensees*에 썼듯이, 인간은 갈대처럼 약하지만 저마다 "생각하는 갈대"다.[2] 물론 인간사에서 사고가 절대적 요인은 아니며, 지식의 사회학 같은 분야에서는 다른 요인들도 적절히 제자리에 배치한다. 그러나 인간의 사고는 독특하고 결정적이며, 따라서 고대로부터 현대에까지 인간의 사고가 인간 사회에 미친 영향에 대한 교훈을 배우면 유익하다.

지도자가 따르는 사람보다 영향력이 크다

최근의 연구에서 도출되는 첫 번째 교훈은, 지도자의 사상이 따르는 사람의 사상보다 언제나 영향력이 크다는 것이다.[3] 태생이나 선출이나 지명으로 지도자가 되었든 성격과 은사로 비공식의 카리스마적 리더십을 획득했든, 지도자가 지도자인 것은 따르는 사람이 있기 때문이다. 지도자는 영향력과 권력의 문간에 버티고 선 문지기로서 각자의 세계에 큰 힘을 미친다. 따라서 지도자의 사상과 견해가 따르는 사람의 사상과 견해보다 영향력이 큰 것은 당연한 일이다. 거의 본질상 지도자는 따르는 사람보다 영향력이 크다.

요즘 일각에서는 이 원리가 새로운 대중매체에 밀려 한물갔다고 주장한다. 전에는 신문이나 텔레비전에서처럼 소수가 다수에게 의사를 전달했으나, 이제는 초점이 바뀌어 인터넷을 통해 다수가 다수에게 말하게 되었다는 것이다. 물론 요즘은 지도자로 태어나거나 선출되거나 지명되지 않은 사람들의 목소리가 여론에 강력한 영향을 미친다.

사실 오늘의 강력한 목소리는 얼마든지 어느 후미진 소읍에 있는 부모의 차고에서 잠옷차림으로 노트북컴퓨터를 두드리는 십대 아이일 수도 있다. 그러나 나비가 정말 지진을 일으키는 경우가 드물듯이, 그런 사람이 정말 세상의 지렛대를 움직이는 경우도 드물다. 설령 있다 해도 이는 기존의 공식적 리더십을 희생시켜 가면서 비공식의 카리스마적 리더십이 증대되고 있음을 부각시켜 줄 뿐이다. 대체로 말해서 지도자는 여전히 이끌고, 따르는 사람은 여전히 따른다.

이 요지는 교회에 중요하다. 각기 다른 기독교 전통들이 때로 이 문제에서 각기 다른 극단으로 치달았기 때문이다. 가장 대표적인 예로 가톨릭 전통은 때로 엘리트주의라 해도 좋을 만큼 지도자를 떠받드는 오류를 범했고, 복음주의는 때로 포퓰리즘 쪽으로 대등한 오류를 범했다. 물론 복음주의의 그 위험은 지금도 여전하다. 19세기의 제2차 대각성 운동 이후로 영어권의 복음주의자들은 지나치게 포퓰리즘으로 기울 때가 많았다. 때로 그들은 교육과 훈련을 멸시했고, 지도자와 엘리트층에게 반감과 의혹을 품었으며, 범인의 의견과 대중 운동의 위력을 믿는 경향이 있었다. 하지만 결국 손해를 자초했다. 거대한 암벽을 때리는 사나운 파도처럼 그들의 대중 운동은 때로 인상적이었으나 암벽은—그리고 문화는—꿈쩍도 하지 않았다.[4]

많은 복음주의자들의 경우 작금의 이런 문제는 리더십을 경시하는 비뚤어진 성경 해석 때문에 더 가중된다. 성 바울은 초대 교회의 교인들에 대해 "육체를 따라 지혜로운 자가 많지 아니하며 능한 자가 많지 아니하며 문벌 좋은 자가 많지 아니하도다"라고 썼다.[고전 1:26] 그런데 어찌 된 일인지 "많지 아니하며"라는 말이 "하나도 없으며"로 둔갑했고, 그래서 신약에 나오는 정식 지도자들이 가볍게 취급되었다. 예컨대 바울 자신, 니고데모, 헤롯의 유년기 친구인 마나엔, 구브로의 총독 등 많은 지도자들이 무시되었다. 무엇보다 안타깝게도 이런 포퓰리즘은 어느 정도 영속성마저 획득했다. 엘리트층의 적의에 개탄하는 사람들이 신앙에 대한 얄팍하고 천박한 단순논리식 표현을 낳았기 때문이다. 사고가 깊은 사람이라면 그런 표현을 진지하게 대할 수도 없거니와, 그래서는 세상은 고사하고 무엇 하나 변화시킬 가망이 요원하다.

중심부가 주변부보다 영향력이 크다

점점 명확해지는 두 번째 교훈은, 사상을 주변부보다 사회의 중심부에서 실행할 때 그 위력이 더 커진다는 것이다. 한 도시가 온 나라에 가히 절대적 영향력을 행사하는 나라들이 많이 있다. 대개 그런 도시는 수도이며 간혹 수도가 지리적·문화적 중심부일 때도 있다. 예컨대 프랑스의 모든 도로는 파리로 통한다.

반대로 미국 같은 나라들의 경우는 문화적 중심부가 하나가 아니라 여럿이다. 워싱턴 DC는 정치적 중심부, 뉴욕은 경제적 중심부, 로스앤젤레스는 대중매체와 연예의 중심부다. 미국의 지리적 중심부는 사실 캔자스 주에 있는데, 아직까지 그 위치를 정확히 아는 미국인을 한 번도 본 적이 없다. 이유는 명확하다. 지리적 중심부는 문화와 무관하지만 문화적 중심부는 위력이 절대적이다. 사회학자 랜들 콜린스와 사회학자 제임스 헌터가 재론의 여지 없이 예증했듯이, 어느 사회든 실재를 규정하고 의제를 설정하고 유행을 창출하는 곳은 바로 문화 권력의 중심부다.

역시 유대교 같은 타 종교 신자들과 가톨릭 같은 다른 기독교 전통들은 이 원리를 대다수 복음주의자들보다 훨씬 기민하게 인식했다. 유대교와 가톨릭은 당연히 권력의 중심부에 깃발을 꽂는 경향이 있다. 예컨대 유대교는 뉴욕에서 강하고, 조

지타운 대학과 조지타운 병원 같은 가톨릭 기관은 워싱턴 DC
에서 강하다. 반면에 복음주의는 포퓰리즘 성향에 충실하게
사느라 변두리와 외딴곳으로 치우칠 때가 너무 많았고, 그 결
과 문화에 대한 영향력이 약해졌다.

네트워크가 개인이나 기관보다   세 번째로 고려해야 할 교훈은,
영향력이 크다   사상이 개인이나 기관을 통해
서보다 네트워크를 통해 가장 잘 전파된다는 것이다. 기독교
의 어느 전통을 막론하고 이 부분의 이력은 훨씬 낫다. 영향력
있는 기독교 네트워크를 일일이 다 열거하자면 정말 눈부실
정도다. 예컨대 열두 사도, 베네딕트회와 거기서 파생된 다수
의 영향력 있는 가톨릭 수도회, 케임브리지의 화이트호스 여
인숙(16세기 영국 개신교 개혁자들의 모임 장소―옮긴이), 모라비아
교와 백 년 역사의 기도회, 존 웨슬리^{John Wesley}의 소그룹, 윌리
엄 윌버포스의 클래펌 서클,^{Clapham Circle} "독수리와 아이"라는 옥
스퍼드의 작은 선술집에서 사상을 논한 잉클링스(J. R. R. 톨킨과
C. S. 루이스 등이 속했던 1930-40년대의 문학 토론 모임―옮긴이)
^{Inklings} 등이 있다.

새로운 SNS 시대에 접어들면서 새로운 형태의 네트워크가
지닌 잠재력은 상상을 초월한다. 틀림없이 그것은 세계화 시
대에 기독교 사상의 전파에 주도적 역할을 할 것이다. 요컨대

이상의 세 가지 교훈은 과거의 교회 성장과 미래의 하나님 나라 진척을 이해하는 데 모두 더할 나위 없이 중요하다. 그러므로 우리는 그 내용을 숙고하면서 최대한 많이 배워야 한다.

그러나 이런 교훈이 아무리 정확하고 실제적으로 유익해도 여전히 그것은 "해 아래의" 지혜다. 이 세상 도성의 산물이므로 예수에게뿐 아니라 공자, 석가모니, 무함마드, 마하트마 간디,Mahatma Gandhi 리처드 도킨스(영국의 대표적인 무신론자 과학자—옮긴이)Richard Dawkins의 사상에도 똑같이 적용된다. 그러므로 우리는 거기서 더 나아가 하나님의 도성의 방식을 보아야 한다. 그 방식이 어떻게 다른지 보아야 한다. 하나님의 도성은 전혀 다른 질서이므로 방식도 다를 수밖에 없다.

많은 그리스도인 저술가들이 위의 세 가지 요지를 강조하지만 하나님 나라의 역동성을 정당하게 다루는 경우는 드물다. 그들의 이해는 어느 정도 옳지만 결코 "해 아래의" 통찰을 벗어나지 못한다. 그러나 크리스토퍼 도슨이 지적했듯이 우리는 하나님 나라에 내재하는 독특한 자체적 방식에 놀라서는 안 된다. "우리는 기독교의 원리가 일부 정치제도처럼 실제로 단순하게 작용하기를 기대할 권리가 없다. 기독교의 질서는 초자연적 질서이며 자체적 원리와 법칙이 있다. 그것은 가시적 세상에서 난 것이 아니며 오히려 종종 후자와 모순되어 보일 수 있다. 승리가 패배처럼 보일 수 있고, 물질적 성공은 오히려 실패일 수 있다."⁵ 결국 우리에게 결정적 요인은 항상 하나님의 도성이어야 한다. 하나님의 방식은 우리의 방식과 다르며, 하나님의 일은 언제나 그분의 방식대로 이루어져야 한다.

성령께서 이끄신다

하나님의 도성의 방식은 인간의 도성의 방식과 어떻게 다른가? 어떻게 우리는 인간의 도성에서 배우는 교훈을 중시하면서도 하나님의 도성의 역동성대로 살아갈 것인가? 어떻게 성 바울을 본받을 것인가? 그는 성령의 감화에 따르면서도 늘 로마 제국의 중심부인 로마에 복음을 전하고자 애썼다. 이 질문에 단 하나의 답은 없다. 그리스도인들은 서로 다른 답을 존중한다. 앞서 말했듯이 우리는 인간의 도성이 내놓는 기술記述과 처방도 구분해야 한다. 가치중립적 기술이란 없으므로 기술도 신중하게 검토해야겠지만, 기술과 처방의 차이가 더 크다는 데는 의문의 여지가 없다.

하나님의 도성의 방식에 대한 나 자신의 관점은 그동안 읽은 성경과 기독교 역사를 통해 형성되었다. 단 최고의 권위가 성경에 부여됨은 물론이다. 이 관점에 따르면 의심할 나위 없이 확실한 것은 첫째로 이것이다. 즉 하나님 나라에서는 하나님 자신이 이끄시며, 그분은 자신의 영을 통해 자신의 교회와 사람들을 이끄신다.

그것은 사도행전에 나오는 틀림없는 사실이다. 흔히들 말하듯이 그 책은 사도들의 행전이라기보다 성령의 행전으로 불려도 무방하다. 예수께서는 열두 제자와 칠십 인을 불러 자신을 따르게 하셨고, 나중에 더 많은 제자들로 하나의 운동을 이루셨다. 그분은 죽으시고 부활하신 뒤에 그들에게 명하여 예루살렘에 남아 약속된 선물인 성령을 기다리게 하셨다. 예수께서 이 땅에 사실 때는 몸으로 그들과 함께하셨지만, 이제 성령이 그 자리를 대신하실 것이었다. 오순절 날 성령이 그들에게 임하신 뒤로 신생 교회의 참 지도자는 베드로와 야고보와 요한과 바울이 아니라 성령이셨다. 성령의 인도로 교회는 빠르고 경이롭게 성장했다.

복음은 어떻게 아프리카에 이르렀는가?(놀랍게도 복음은 유럽보다 아프리카에 먼저 전해졌다) 성령께서 명하여 빌립을 어느 길까지 보내셨다. 빌립은 거기서 에티오피아의 한 관리를 만났고, 그 관리가 회심하여 아프리카의 심장부로 복음을 가져갔다.

복음은 어떻게 유럽에 이르렀는가? 분명히 그리스는 바울의 다음 행선지가 아니었다. 그는 소아시아와 비두니아로 계속 여행할 작정이었다. 그런데 계획이 막히고 꺾이고 저지당했다. 그제야 그는 환상 중에 본 마게도냐 사람과 "건너와서 우리를 도우라"는 유명한 절규에 마음이 열렸다^{행 16:9}. 한 역사가가 그 결과를 묘사했듯이, 이 무명의 랍비가 성령의 명령으로 예정에 없이 드로아에서 빌립보로 건너갔을 때, 그것이 세계사에 미친 영향은 몇 킬로미터 떨어진 곳에서 벌어진 악티움 대해전보다도 컸다. 그 해전은 줄리어스 시저가 암살된 후 로마 제국의 운명을 결정지은 전투였다.

복음은 어떻게 이방인에게 이르렀는가? 이방인이란 우리의 절대다수는 물론 고금과 전 세계의 대다수 그리스도인을 망라한다. 역시 성령께서 사도 베드로의 완강한 편견을 깨뜨리시고 그를 욥바에서 가이사랴로 보내 오랜 세월 "개"와 "부정한" 아웃사이더로 간주되던 사람들에게 예수의 기쁜 소식을 전하게 하셨다.

또 선교사 운동은 애초에 어떻게 시작되었던가? 그것은 예수 이후로 기독교의 가장 중대한 사업이자 성령의 선물이었다. 배후에 지역위원회나 교회 공의회나 국제회의가 있었던 게 아니다. 스카우트 담당자나 청빙 절차도 없었다. 오히려 "성령이 이르시되 내가 불러 시키는 일을 위하여 바나바와 사울을 따로 세우라" 하셨다.[행 13:2] 그러자 머잖아 천하가 "어지럽게[뒤집히게]" 되고 영원히 달라졌다.[행 17:6]

오늘날 많은 이들과 많은 전통은, 성령께서 이끄셔야 한다는 이 첫 번째 요지에 당황한다. 한편으로 오늘의 서구 교회에서 성령은 삼위일체 중 다분히 무시되거나 심지어 망각된 존재다. 어떤 사람들은 그 원인을 중세 교회의 관료적 제도화에서, 그리고 하나님 자신보다 성인 聖人과 중재자를 강조한 데서 찾는다. 다른 사람들은 하나님의 말씀을 강조하느라 하나님의 영을 희생시킨 종교개혁 이후의 경직성으로 그 이유를 더듬어 올라간다. 또 어떤 사람들은 세상을 계몽주의적 자연주의의 렌즈로 보려는 전반적 성향에서 그 뿌리를 찾는다. 그 바람에 사람들이 음치가 되고 눈이 멀어 영적 실재를 보지 못한다는 것이다. 그런가 하면 성령의 이름으로 행해지는 불가사의하고 기상천외한 일들 때문에 성령이 무시된다고 보는 사람들도 있다.

게다가 모더니즘의 전형적 사고방식 때문에 우리는 어차피 성령을 보거나 그분의 음성을 들을 마음도 없다. 전혀 그럴 필요가 없다는 말이 혀끝에서 맴돈다. 무엇이든 우리 힘으로 지금보다 더 잘 알아내고 처리할 수 있었던 적은 없었다. 수첩이나 칠판만 있으면 몇 분 만에 최상의 방침을 뽑아낼 수 있다. 비전, 사명, 목표, 인력, 예산, 다음 단계, 시각표, 측정 가능한 결과, 최선의 실천사항 등 제목이 줄줄 쏟아져 나온다. 이런 사고를 어떤 사업에나 다 적용할 수 있다.

우리에게 필요한 것은 유능한 자문회사다. 오늘 그것보다도 하나님이 더 필요한 사람이 누구인가? 이제 우리는 다 관리의 귀재가 되었다. 제품을 출시하거나 행사를 기획하는 최고의 방법을 안다. 필요한 여론조사의 통계도 인터넷에 다 있다. 무슨 일에 대해서든 컨설턴트와 전문가와 전공자가 지척에 있다. 물론 진행하기 전후에 잠깐 기도할 수도 있다. 하지만 지금은 무엇이든 혼자 힘으로 하는 시대이며, 정말 그 누구도 그 무엇도 우리에게 더 필요하지 않다.

그러나 우리는 아주 유능한 척하다가 무지를 자초하고, 스스로 제법 똑똑한 줄 알다가 웃음거리가 되고 만다. 인간의 동기와 계획이 아무리 좋아도 역사적 결과와는 언제나 괴리가 있다. 계획대로 다 된다는 생각과 계획한 일만 발생한다는 생각이야말로 계획자의 핵심적 오류이기 때문이다. T. S. 엘리엇이 자기 세대에게 상기시켰듯이 문화는 결코 계획될 수 없다. "문화는 결코 다 의식되지 않는다. 언제나 우리가 의식하는 부분 이상이 있다. 문화를 계획할 수 없음은 문화가 우리의 모든 계획의 무의식적 배경이기도 하기 때문이다."[6]

더 중요하게 우리의 모든 현대적 지력이 말할 수 없이 놀라울 수 있으나, 성령의 전략적 리더십에 비하면 미약하다 못해 미련할 정도다. 싸구려 보석을 왕관으로 착각할 사람은 바보뿐이다. 인간의 도성의 정보와 지식을 하나님의 도성의 참 지혜와 혼동할 사람은 얼간이뿐이다. 아무리 리더십 세미나와 경영학 공부와 업무 관리가 넘쳐나고 사업 성공의 온갖 비결에 대한 베스트셀러가 쏟아져 나오는 대단한 시대라 해도, 하나님 나라의 진척을 이끄시는 주체는 성령이다.

뜻밖의 반전   하나님 나라 방식의 두 번째 공통된 특성은 뜻밖의 반전이다. 하나님을 신뢰하려면 하나님을 하나님 되시게 해야 한다. 또 인간이 자랑할 만한 근거를 모두 잘라 내고 마땅히 그분만의 몫인 찬송과 공로를 그분께 돌려야 한다. 우선 앞서 보았듯이 하나님의 길은 우리의 길과 다르며, 그분의 지혜는 우리보다 워낙 높아서 이해할 수 없는 신비다. 거기에 덧붙여야 할 사실로, 하나님은 교만한 자를 대적하신다. 고개를 꼿꼿이 쳐들고 그분 앞에서 자력으로 충분하다고 으스대거나 거만을 떠는 모든 사람을 대적하신다.

그렇다면 하나님은 인간의 교만을 어떻게 대적하시는가? 한편으로 그분은 사상 최고의 뜻밖이자 기발한 전복을 통해 하시는데, 역시 힘으로도 아니고 능력으로도 아니며 처음에는 하나님의 영으로도 아니다. 그분은 자신의 아들로 하신다. 여기 입이 다물어지지 않는 모든 경이 중의 경이가 있다. 목자들이 양 떼를 두고 급히 베들레헴으로 가서 본 아기는 바로 그들이 경배한 전능하신 하나님이다. 요람에 무방비로 누워 있는 이 아기가 훗날 버림받고 유기되어 십자가에서 죽으실 것이다. 이렇듯 최고의 권능이 연약함으로 자신을 가렸고, 무한한 부요가 가난 속에 숨겨졌으며, 불가해한 지혜가 어리석음으로 신분을 감추었고, 궁극의 존엄이 비천하다 못해 멸시받을 지경까지 낮아졌다.

그러나 하나님이 인간의 교만을 향해 날리시는 강펀치는 거기서 끝나지 않는다. 그분이 택하시는 메신저들도 그분 자신 못지않게 전혀 뜻밖이다. 말이 어눌한 모세, 가냘픈 소년 사무엘, 여덟 아들 중 제일 아닐 듯한 막내 다윗, 수줍고 과민하고 내성적인 예레미야, 미혼의 마리아, 광야에 사는 억센 세례 요한을 그분 외에 누가 특별한 종으로 택하겠는가? 그러나 마리아가 마음에서 우러난 찬송으로 고백하듯이, 반전이야말로 하나님이 일하시는 특유의 방식이요 그분 나라의 특징이다.

그의 팔로 힘을 보이사
마음의 생각이 교만한 자들을 흩으셨고
권세 있는 자를 그 위에서 내리치셨으며
비천한 자를 높이셨고
주리는 자를 좋은 것으로 배불리셨으며
부자는 빈손으로 보내셨도다. 눅 1:51-53

마리아의 아들이자 요한의 사촌인 예수는 태어날 때처럼 그 후로도 늘 전복의 연속이었다. 하나님 나라의 기쁜 소식을 선포하면서 그분은 뜻밖의 모든 반전을 기뻐하셨다. 심령이 가난한 자가 복이 있다. 먼저 된 자가 나중 되고 나중 된 자가 먼저 된다. 겸손한 자는 높아지고 교만한 자는 낮아진다. 누구든지 자기 목숨을 구하려는 자는 잃지만 그분을 위해 죽을 각오가 된 사람은 목숨을 얻는다. 천국에서 상석에 앉으려면 모든 사람의 종이 되어야 한다. 가장 작은 자가 곧 큰 자다. 하나님의 지혜는 어린아이들에게 계시되고 지혜롭고 똑똑한 자들에게는 숨겨진다. 세리와 창녀가 서기관과 바리새인보다 하나님 나라에 먼저 들어간다. 건축자들의 버린 돌이 모퉁이의 머릿돌이 되었다. 이런 식으로 끝이 없다.

예로부터 그래 왔듯이 지금도 마찬가지다. 니체는 "모든 가치의 재평가"를 부르짖었지만 말뿐이었지 그것을 실현할 능력이 없었다. 예수께서는 말씀하시고 그대로 행하셨다. 사상 최대의 전복을 도입하셨다. 하나님 나라는 위아래와 앞뒤와 안팎이 뒤집힌 나라다. 우리의 기대를 따돌리고 인습과 편견을 부수어 버린다. 무엇보다 그 나라는 우리의 교만을 꾸짖고 허세의 거품을 꺼뜨린다. 하나님은 우리와 다르시며, 일하시는 방식도 우리와 다르다. 그분의 뜻과 방식을 본받을 것인지는 우리에게 달려 있다. 하나님의 도성은 이 세상의 도성이 아니며, 하나님의 일은 그분의 방식대로 이루어져야 한다. 그분의 일은 기독교 세계의 수장인 황금 갑옷 차림의 교황 줄리어스 2세$^{Julius\ II}$에게서보다 아시시 빈민들의 음유 시인 성 프란체스코에게서 훨씬 더 밝게 빛난다. 이 교황은 실제로 군대를 이끌고 전쟁터를 누볐으며, 사상 최고의 예술가들을 시켜 자신의 저택을 꾸미고 자신의 통치를 예찬하게 했다.

물론 우리는 탁월함을 추구한다. 알다시피 우리의 최선만이 주님께 합당하다. 자나 깨나 우리의 소원은 최고이신 그분께 우리의 최선을 드리는 것이다. 알다시피 지도자가 따르는 사람보다 영향력이 크고, 문화의 중심부가 주변부보다 훨씬 영향력이 크고, 왕이 평민보다 영향력이 크고, 부자가 가난한 사람보다 훨씬 많은 일을 할 수 있고, 잘 교육받은 사람이 보통 사람보다 훨씬 아는 게 많다.

우리는 그것도 다 알고 존중하며 진지하게 대한다. 하지만 거기서 그치지 않는다. 뜻밖의 목소리, 생각지도 못한 지도자, 도무지 아닐 것 같은 사람이 주역으로 쓰임받는 데에도 우리는 늘 준비되어 있다. 하나님의 보잘것없는 사람들과 하나님의 바보들을 언제라도 인정할 자세가 되어 있다. 그들이야말로 그리스도를 위해 보잘것없는 사람과 바보로 비쳐지고 취급당할 각오가 된, 진정 기름부음받은 자들일 수 있기 때문이다. 하나님은 뻔히 쓰실 만한 우리보다 그런 사람들을 쓰실 때가 훨씬 많다.

위대한 문화는 부산물이다　　하나님 나라 방식의 세 번째 공통된 특성은 그 독특한 문화가 목표라기보다 부산물일 때가 더 많다는 것이다. 존 베일리는 문명에 대해 이렇게 말했다. "우리 기독교 문명을 발원시킨 시대들은 어떤 의미에서 그 문명을 오늘의 우리보다 덜 중시했다. 물론 중시하기는 했지만 부수적인 자리를 부여했을 뿐이다. 그 문명은 무한히 더 소중한 뭔가의 부산물로 생겨났다고 말할 수 있다."[7]

베일리의 말은 무슨 뜻인가? 신앙의 사람인 우리 각자는 주어진 능력과 삶으로 최선을 다해 소명에 충실하면 된다. 그런 삶으로 하나님을 영화롭게 하고 이웃의 필요를 살피면 된다. 세상을 구원하고 관리하는 일은 우리 소관이 아니며 세계화 시대에는 특히 그렇다. 그것을 시도해 본들 결국 탁상공론에 빠지거나, 아니면 엄두가 나지 않아 무력해질 것이다. 하나님만이 온 세상을 다루실 수 있다. 우리가 세상을 관리하거나 구원해야 하는 게 아니다. 우리가 할 일은 내 개인의 소명에 집중하여 세상에 참여하고, 남들도 각자의 소명에 충실하리라 믿으며, 전체 결과를 총괄하는 일들은 하나님께 맡기는 것이다. 각 그리스도인이 개인의 소명에 힘쓰며 세상에 참여해야 한다는 이 소명, 바로 그것이 앞서 언급한 "무수한 꽃이 피어나게 하라!"는 경구의 배후를 이룬다.

T. S. 엘리엇도 동일한 요지를 힘주어 강조했다. 그는 문화와 문명을 생각하면서 이런 단호한 결론을 내렸다.

문화를 일부러 목표로 삼을 수는 없다. 문화는 다양한 활동이 어느 정도 조화를 이룰 때 나타나는 산물이다. 각 활동마다 그 자체를 위해 추구되어야 한다. 화가는 캔버스에 집중하고, 시인은 타자기에 집중하며, 공무원은 책상에 올라온 구체적 문제의 공정한 해결에 집중해야 한다. 각자 자신이 처한 상황에 맞게 해야 한다. 지금 말하는 이런 상태가 바람직한 사회적 목표로 보인다 해도, 계획적 조직을 통해서만 그 목표를 실현할 수 있다는 결론으로 비약해서는 안 된다.[8]

오늘의 우리는 그 말에서 어긋나 있다. 우리가 살고 있는 시대가 목적과 계획과 프로젝트를 대단한 자랑으로 삼기 때문이다. 무슨 일이든 "목적이 충만하고 의도적이고 계획적이어야" 한다. 사실 웬만한 사람은 야망을 다 성취하지 못하기가 쉽다. 그런데도 니체처럼 '내 뜻대로 되었다'라는 큰 주제로 내 인생의 이야기를 쓸 수 있다는 환상이 여전히 만연해 있다. 이런 사고방식에 현대의 관리 능력까지 더해지면, 우리의 자력으로 세상을 변화시킬 수 있다는 꿈이 부풀어 오른다. 이에 대한 마무리 기법으로 요즘은 죽을 때 어떤 "유산"을 남길지 각자 깊이 생각해야 한다는 말이 유행이다.

이 대단한 인본주의적 자만심 위에 온통 써 붙일 말은 "알지도 못하면서"가 되겠다. 이상의 모든 말의 배후에는 우리의 완전한 지식이 전제로 깔려 있다. 즉 우리가 자신의 정체도 완전히 알고 있고, 하고 싶은 일을 어떻게 해야 할지도 완전히 알고 있고, 이미 이루어 낸 일이 무엇인지도 완전히 알고 있다는 것이다. 그래서 그것을 자녀와 후손에게 유산으로 물려주려 한다는 것이다.

하지만 우리는 정말 모른다. 자신의 정체도 다 모르고, 하고 싶은 일을 어떻게 해야 할지도 다 모르고, 자신이 남기는 유산이 무엇인지도 결코 다 모른다. 우리는 역사를 모를 뿐 아니라 전혀 역사를 통제할 수 없다. 이 모든 이슈의 답은 하나님만이 아신다. 우리 인간의 지식은 언제나 미완이며, 최고의 성공을 이룬 경우라도 마찬가지다.

윌리엄 윌버포스는 많은 사람들에게 감화를 끼치는 모범이지만 이례적인 경우였다. 잘 알려져 있다시피, 그는 28세 때 일기장에 하나님이 자신에게 두 가지 큰 목표를 주셨다고 썼다. 하나는 노예 매매를 근절하는 일이었고 또 하나는 풍속 내지 도덕 기준을 개혁하는 일이었다. 그 뒤로 그는 47년의 삶을 바쳐 그 중대한 목표들을 추구했고, 마침내 1833년 죽음을 불과 사흘 앞두고 첫 번째 목표까지 다 이루었다. 그러나 이것이 훌륭하고 감동적인 귀감이지만 또한 아주 희귀한 경우임을 잊지 말아야 한다. 그를 존경한 어떤 사람의 표현처럼, "한 인간의 수고의 끝"과 "생애의 끝"이 그런 성공과 균형으로 장식되기란 웬만한 사람에게 극히 드문 일이다.

우리 대부분의 삶은 히브리서 11장의 영웅들에 더 가깝다. 그 사람들은 믿음으로 일어나 하나님을 신뢰했고, 용감하게 인내하며 그분께 받은 비전을 따라갔다. 그러나 약속의 실현과 비전의 결실을 보지 못한 채 또한 믿음으로 죽었다. 고작 그것들을 멀리서 보고 믿음으로 환영했다. 하지만 그것만으로도 그들은 당대의 세상에서 외국인과 나그네가 되었고, 그것만으로도 하나님은 그들의 하나님으로 일컬음받기를 부끄러워하지 않으시고 그들을 위하여 한 성을 예비하셨다. 다시 말해 인간의 노력이 아무리 최고이고 최선이어도 대개 미완이라는 한 단어를 면할 수 없다. 라인홀드 니버가 그것을 잘 표현했다.

가치 있는 일 치고 우리 당대에 이루어지는 일은 없다. 그러므로 우리는 소망으로 구원받아야 한다. 당장의 역사적 문맥에서는 어떤 진, 선, 미도 온전한 의미를 얻지 못한다. 그러므로 우리는 믿음으로 구원받아야 한다. 아무리 덕스러운 일도 혼자서는 결코 이룰 수 없다. 그러므로 우리는 사랑으로 구원받아야 한다. 어떤 덕행도 친구나 적의 관점에서 보면 우리의 관점에서 보는 것만큼 덕스럽지 못하다. 그러므로 우리는 사랑의 궁극적 모습인 용서로 구원받아야 한다.[9]

그러나 위대한 문화가 대개 목표라기보다 부산물인 것은 단지 우리의 무지와 미완 때문만은 아니다. 더 긍정적인 이유는 하나님 나라가 조직체가 아니라 유기체라는 사실이다. 농부가 씨를 뿌리면 자연히 씨는 보이지 않게 저절로 자란다. 그 씨가 자라 큰 나무가 되어 새들이 거기에 깃들인다. 또는 풍성한 곡식이 익는데, 이때 밀과 가라지는 함께 자라다가 추수 때에 분리된다. 또한 밀가루 반죽에 누룩을 넣으면 누룩이 퍼지고 반죽이 부풀어 결국 맛있고 영양가 많은 빵이 된다.

T. S. 엘리엇이 역설했듯이 "문화란 자라야만 하는 것이다. 처음부터 나무를 세울 수는 없다. 심고 가꾸며 제때에 자라기를 기다릴 뿐이다. 나무가 자라 도토리에서 느릅나무가 아닌 떡갈나무가 나올 때 불평해서는 안 된다."[10] 하나님 나라도 그와 같다. 수많은 사람의 삶 속에 믿음의 씨가 자라 성령의 열매로 맺힌다. 하나님의 사람들은 모든 예상을 뒤엎고 자라고 익어 아주 풍성한 열매를 맺는다.

다시 말하지만, 하나님 나라의 사고방식은 현대의 관리와 마케팅이 낳은 사고방식과 종종 양립할 수 없다. 하나님의 길은 우리의 길이 아니고, 우리의 길은 하나님의 길이 아니다. 이집트의 금을 노략할 수는 있으나, 교회가 그것으로 금송아 지를 만들어 숭배하면 화를 면할 수 없다. 하나님의 도성의 시 민들은 여전히 이 세상의 도성에 거주하며, 우리의 삶은 수많 은 지점에서 세상과 교차한다. 하지만 충돌이 일어날 때마다 하나님의 도성의 방식이 이겨야 한다.

표현을 바꾸어 보자면, 예수께서는 제자들에게 먼저 하나님 나라를 구할 것을 명하시며 "그리하면 이 모든 것을 너희에게 더하시리라"고 하셨다.^{마 6:33} 우리는 하나님을 신뢰하고 순종 해야 한다. 주어진 모든 은사를 가지고 한시도 예외 없이 삶의 모든 구석에서 그분의 부르심에 따라야 한다. 그러고 나서 결 과와 평가는 하나님께 맡겨야 한다.

중세의 이름 모를 사람들은 그렇게 대성당들과 최초의 대학 들을 세웠다. 단테 알리기에리^{Dante Alighieri}는 그렇게 시를 썼고, 요한 세바스찬 바흐^{Johann Sebastian Bach}는 그렇게 음악을 작곡했으 며, 렘브란트^{Rembrandt}는 그렇게 그림을 그렸고, 도스토예프스키 ^{Dostoevsky}는 그렇게 소설을 썼다. 우리 시대로 더 가까이 와서 제 러드 맨리 홉킨스, 에밀리 디킨슨,^{Emily Dickinson} 크리스티나 로제 티,^{Christina Rossetti} T. S. 엘리엇도 그렇게 시를 썼다. 우리는 세상에 피어난 모든 진, 선, 미, 평화, 정의, 자유, 인간의 존엄성을 향 유한다. 그러나 이런 위대한 문화는 대개 의식적 목표가 아니라 부산물이다. 우리의 목표는 하나님 나라다. 그 나라의 모든 풍성함이 우리의 일상생활 전체를 완전히 에워싸야 한다. 나머지는 다 하나님의 은혜로 따라오는 부가가치다.

현대의 이상한 미신이 있다. 어느 분야에서든 성공하려면 그 분야를 삶의 전부로 삼아 오직 그것만을 위해 살고 숨 쉬어야 한다는 것이다(빈스 롬바르디Vince Lombardi는 "승리는 전부가 아니라 유일한 것이다"라고 말했다). 그러나 그 길에 우상숭배, 강박, 불안, 살벌한 경쟁이 도사리고 있다. 그런 삶은 교만이나 쓰라린 후회로 점철될 수밖에 없다. 우리의 최고의 노력이 참으로 인간다워지려면 우리 바깥의 목표와 기준이 필요하다. 그것이 우리에게 늘 더 높은 데 뜻을 두도록 도전함과 동시에 신선한 바람으로 삶의 균형을 유지시켜 주어야 한다. 우리의 목표와 과업과 사명 자체는 결코 하나님이 아니다. 그것을 하나님으로 삼으면 우상으로 변한다. 하나님만이 하나님이시며, 따라서 우리의 모든 수고를 뛰어넘는 목표이자 기준이시다. 역시 우리는 "먼저 그의 나라"를 구해야 하며 "그리하면 이 모든 것을 너희에게" 더하신다.마 6:33

그렇다면 우리가 할 일은 도전적일망정 명확하다. 우리는 기독교 문화의 모든 표출과 특히 "서구 기독교"를 비판해야 하지만, 그렇다고 그리스도인의 충실성과 문화 형성의 바른 관계를 저버려서는 안 된다. 오늘날 기독교의 전망이 밝든 암울하든, 현대 문화의 시류가 우리에게 유리하든 불리하든, 우리가 수적으로 강하든 거의 혼자인 것 같든, 그런 외적인 요인들은 다 상관없다. 우리는 각자 자신의 소명에 충실하고, 최고이신 그분께 최선을 드리고자 모든 면에서 애쓰며, 하나님 나라의 역동성에 절대적으로 의지해야 한다. 그러고 나서 우리의 무지가 고질적이고 우리의 수고가 미완일 수밖에 없음을 알기에, 결과는 하나님께 맡겨야 한다.

하나님 나라의 이런 역동성은 만고불변인지라, 그분의 일을 그분의 방식대로 하면 그분의 복과 풍성한 결실이 결코 떨어지지 않는다. 그것은 우리의 최고의 계획과 기상천외한 상상을 훨씬 초월한다.

우리의 구주요 구속자요 스승이요 친구이신 주 예수 그리스도시여, 주님의 신성한 사랑에 감사드립니다. 그 사랑이 방황하는 우리를 찾았고 길 잃은 우리를 도로 데려왔습니다. 또한 그 사랑은 친히 연약하고 가난하고 어리석은 모습으로 낮아져 우리의 교만과 무지와 미련함을 전복시켰습니다. 늘 주님께 합당하도록 탁월하게 섬기기를 힘쓰면서 언제나 우리의 길이 아닌 주님의 길에 주파수를 맞추게 하소서. 그리하여 놀라운 하나님 나라의 독특성과 뜻밖의 반전을 삶으로 드러내게 하소서. 예수님의 이름으로 기도합니다. 아멘.

Questions

❶ 오늘날 최고의 학문에서 도출되는 세 가지 통찰 중 서구에 가장 필요한 것은 무엇인가?

❷ 당신이 아는 교회들은 하나님 나라의 세 가지 원리를 얼마나 잘 따르고 있는가?

❸ 세상 최고의 통찰들을 어떻게 하나님 나라의 원리들에 접목시킬 것인가?

6. 아직 황금기가 남아 있다

옥스퍼드 대학 내의 비교적 신생 단과대학 중 하나는 토머스 리네커^{Thomas Linacre}의 이름을 따서 1962년에 설립된 리네커 칼리지다. 요즘은 잘 알려져 있지 않지만, 당대인 16세기에 리네커는 영국의 탁월한 르네상스 학자, 헨리 8세^{Henry VIII} 왕의 왕궁 의사, 왕립 의과대학의 설립자, 에라스무스^{Erasmus}와 토머스 모어^{Thomas More} 경의 명예로운 스승이자 친구였다.

옥스퍼드 대학 내 올 소울즈 칼리지의 학자이자 특별 연구원이었던 리네커는 그리스어와 라틴어에 정통했으나 종교개혁 이전인 그 시대에는 성경이 성직자들 전용이었다. 그래서 그는 성경을 깊이 읽어 본 적이 없었다. 하루는 사제인 한 친구가 그에게 사복음서 사본을 주었다. 그는 처음으로 마태복음, 마가복음, 누가복음, 요한복음 전체를 그것도 원어로 공부했다. 한동안 생각한 끝에 그는 사본을 사제에게 돌려주며 말했다. "이게 복음서가 아니거나 우리가 그리스도인이 아니거나 둘 중 하나일세!"

얼마 후에 리네커의 총명한 학생인 에라스무스도 기독교의 부패를 신랄하고 불온하게 고발한 『우신예찬』*In Praise of Folly*에서 똑같이 말했다. 다시 얼마 후인 1517년에 아우구스티누스회의 한 젊은 수사가 비텐베르크의 캐슬교회 정문에 95개 조항을 내걸어 그리스도와 교회 사이의 동일한 괴리에 항변했다. 그렇게 점화된 항의 운동이 나중에 종교개혁이 되었다.

종교개혁은 서구 교회에 가장 필요한 일이자 동시에 가장 비참한 일이었다. 그 찬란하고도 처참한 빛에 비추어, 우리는 교회의 오랜 문화 참여에 따른 세 가지 주된 고질적 죄를 더없이 명확히 볼 수 있다. 그것은 바로 세속화와 부패와 분열이다.

세속화는 교회가 너무 세상 "안에" 있어 아예 "세상에 속할" 때 발생한다. 이런 교회는 구제불능으로 세속적이다. 세상에 참여하다 못해 남김없이 세상과 같아진다. 어찌나 심한지 아예 시대나 세대('세속'으로 번역되는 'saeculum'의 원뜻)와 구분이 안 될 정도다. 내부로부터의 이런 세속화가 외부로부터의 공격보다 교회에 훨씬 더 치명적이다. 종교개혁 이전이나 이후나 이런 일이 크고 작은 규모로 교회사에 많이 있었다. 그러나 르네상스 시대의 교황과 추기경들이 세속 군주와 다를 바 없었음을 누가 부인할 수 있겠는가? 그들은 성 베드로를 이어받은 후계자로 자처했지만, 그들의 사생활이나 공무 집행에서 예수나 예수의 방식은 거의 찾아볼 수 없었다.

에라스무스는 교황 줄리어스 2세가 볼로냐 전투에서 승리한 후 황금 갑옷을 입고 귀환하는 모습을 지켜보면서, 그가 정말 예수의 제자인지 아니면 이름처럼 실은 줄리어스 시저의 후계자인지 의문을 감출 수 없었다. 그가 "공포의 교황"으로 알려진 데는 다 그만한 이유가 있었다. 그를 승계한 지오반니 데 메디치Giovanni de' Medici는 교황 레오 10세Leo X로 선출된 뒤 이런 유명한 말을 남겼다. "하나님이 우리에게 교황직을 주셨으니 실컷 누리자." 당대의 역사가들이 섬뜩하리만치 상세히 기록했듯이, 그는 정말 그 말대로 했다. 나중에 교황 우르반 8세Urban VIII는 전설적 조각가요 건축가인 지안 로렌조 베르니니Gian Lorenzo Bernini의 후원자이자 근대 로마의 영광을 다분히 창출한 사람인데, 교황으로서 개인적 허영과 야망이 어찌나 극에 달했던지 그에 대해 "내가 곧 교회다!"라는 말이 나왔을 정도다.

부패는 그처럼 세속화된 교회가 아예 세상의 권력에 의지할 때 발생한다. 이런 교회는 권력이 커져 그 권력 때문에 부패한다. 보르지아가*의 교황들(15세기 말의 칼리스투스 3세와 알렉산드로 6세―옮긴이)이 복음의 능력보다 칼의 힘과 은행가의 돈에 더 의지했음을 누가 의심할 수 있겠는가? "권력은 부패하는 경향이 있고 절대 권력은 절대 부패한다." 이 유명한 금언은 독실하지만 자유를 사랑한 가톨릭 교인인 액튼 경의 펜 끝에서 나왔다.[1] 두 보르지아 교황보다도 더 이전에 클레르보의 베르나르Bernard of Clairvaux는 12세기의 부패한 교황청에 대해 이렇게 항의했다. "온 이탈리아가 잿밥만 밝히며 만족을 모르는 탐욕과 강탈의 거대한 아가리가 아닌가?"[2] 그는 교회에 "야망을 품은 사람들이 가득하다. 적극적인 야망의 추구에 경악하던 시대는 지나갔다. 우리는 그것을 노상강도가 과객의 약탈품을 생각하는 정도로밖에 생각하지 않는다"고 썼다.[3]

　끝으로 **분열**은 그런 불충실에 항의하는 사람들이 충실성 때문에 교회를 떠날 수밖에 없거나 아예 쫓겨날 때 발생한다. 의심의 여지 없이 그동안 가톨릭은 온갖 이견을 흡수하여 소화하면서도 정체성을 잃지 않는 놀라운 역량을 보여주었다. 그 부분에서 개신교보다 훨씬 나았다. 그러나 종교개혁 이전 가톨릭의 지독한 세속성과 부패상은 전 교회 차원의 힘과 탄력을 필요로 했는데, 가톨릭 스스로 그것을 동원하여 헤어나기에는 역부족이었다. 기독교 역사의 이 시기에 대해서는 변명의 여지가 있을 수 없다.

기독교 세계의 분열과 그 여파는 서구 교회가 수 세기에 걸쳐 사람들에게 외면당하게 된 주된 원인 중 하나다. 누가 그 사실을 부인할 수 있겠는가? 한편으로 교회의 분열은 우리 주님의 소원과 겟세마네 동산에서 하신 기도에 대한 직접적 불순종 때문이다. 아울러 분열과 그에 따른 싸움은 지금 기독교 신앙이 건설적이고 연합을 낳기보다는 사회적 분열과 혼란을 야기하는 것으로 비쳐지는 핵심 원인이다. 분열된 교회는 곧 불순종하는 교회다. 물론 진리와 정통성 등 싸워야 할 이슈들이 늘 있지만, 싸울 때도 철저히 그리스도를 닮은 방식으로 해야 한다. 그리스도인들끼리 서로 싸운다면 중요한 의미에서 양쪽 다 이미 실패한 것이다.

요컨대 종교개혁은 절실히 필요했으나 또한 비참한 일이었다. 이를 통해 세상의 매서운 눈초리 앞에 드러난 교회는 바로 세속화되고 부패하고 분열된 교회였다. 솔로몬 왕의 통치 이후에 이스라엘이 분열되었던 사건처럼, 종교개혁도 극도의 악이 불러온 뼈아픈 필연이었다. 그때의 일에 대해 선지자는 이런 말로 하나님을 대언했다. "이 일이 나로 말미암아 난 것이라."^{왕상 12:24}

이 분열을 정당하게 슬퍼하는 사람들—대개 가톨릭 교인들—은 그 원인도 솔직하고 충분하게 분석해야 한다. 일시적 권력을 얻고자 진리와 정의와 자유를 짓밟고 복음을 가장 부인한 것이 바로 가톨릭 교회이기 때문이다. 지난 1천 년의 관점에서 돌아보면, 이 분열이야말로 기독교 신앙이 서구 세계의 중심적 지위와 역할을 박탈당한 주된 이유다. 가톨릭 교인인 크리스토퍼 도슨이 역설했듯이 유럽을 세속화로 이끈 것은 기독교 세계의 부패와 분열이었다. "소신파 세속주의자는 유럽 인구의 극소수였으나, 그리스도인들이 도와주는 바람에 굳이 더 강해질 필요가 없었다."⁴ 또 하나 충격적이고도 의미심장한 사실이 있다. 1453년에 콘스탄티노플이 함락되기 전에도 비잔틴의 그리스도인들은 교황의 통치를 받기보다 차라리 이슬람교 아래에 있는 쪽을 원했다. "교황의 금관보다 예언자(무함마드)의 터번이 낫다"라는 그들의 뜨끔한 구호가 모든 것을 말해 준다.

안타깝게도 이 비참한 이야기는 끝나지 않았으며, 똑같은 항변이 필요했던 시기가 교회사에 많이 있었다. 키에르케고르는 19세기 덴마크 개신교의 오만한 정통의식에 맞서 리네커와 똑같은 질타를 퍼부으며 『기독교 세계를 향한 비판』으로 열변을 토했다. "신약의 기독교는 아예 존재하지 않는다", "기독교 세계는……기독교를 배반했다."⁵ 오늘날에도 똑같은 항변이 다시 필요하지 않은가? 우리의 많은 전통에서 복음과 교회 사이의 괴리가 다시 커졌기 때문이다. 따라서 서구 세계의 개신교는 대체로 종교개혁 이전의 가톨릭 교회만큼이나 개혁이 절실히 필요하다. 한편 가톨릭이 대체로 모더니즘의 유혹에 개신교보다 더 저항한 것은 사실이지만, 그 주된 이유는 모더니즘에 대해서라면 "더 뒤처질수록 더 낫기" 때문이다.

자칭 보수파 정치가인 우드로 윌슨^{Woodrow Wilson}에 따르면, 최고의 지도자란 당대의 여론에 철저히 주파수가 맞추어져 있어 군중 앞에서 걸으며 길을 제시할 수 있는 사람이다. 이에 대해 다음과 같은 적절한 답변이 돌아왔다. "이 말은 저 거창한 선동가 르드뤼-롤랭^{Ledru-Rollin}의 '나는 그들의 지도자이므로 그들을 따라야 한다'라는 비열한 원리와 하나도 다를 바 없다."[6]

존 셸비 스퐁(미국의 성공회 주교―옮긴이)^{John Shelby Spong}의 저작과 같은 개신교의 극단적 자유주의, 복음주의의 상당 부분, 그리고 이제 가톨릭의 일부 진보 진영까지도 일시적 시대정신에 완전히 사로잡혀 있어, 그들의 행위는 군중의 지도자라기보다 길거리에서 최신 사조에 새로 몸을 팔려고 안달하는 매춘부와 같다. 키에르케고르가 그런 사람들을 "입 맞추는 유다들"이라 부른 말은 유명하다. 해석으로 예수를 배반하는 그리스도인들이라는 뜻이다. 온건파와 극단론을 통틀어 영어권 세계의 절대다수는 T. S. 엘리엇의 이런 말을 열심히 성취하고 있는 듯 보인다. "앵글로색슨족은 아마 다른 어떤 민족보다도 뛰어나게 종교를 **희석하는** 역량을 과시하고 있다."[7]

종종 언급되듯이 프랑스 혁명의 자코뱅주의와 러시아의 볼

세비즘은 사제, 전직 사제, 신학교, 종교학교 등의 역할 없이는 생각할 수도 없었다. 철학에 경도되어 혁명을 제창한 수많은 성직자들처럼 볼테르Voltaire와 디드로Diderot도 둘 다 예수회 교육을 받았고, 특히 볼테르는 한 신부에게 이신론을 배웠다. 장-자크 루소Jean-Jacques Rousseau는 어느 목사의 입에 자신의 철학을 넣어 주었고, 요시프 스탈린과 아나스타스 미코얀(아르메니아 출신의 구소련 지도자―옮긴이)Anastas Mikoyan은 신학교 출신이며, 파리의 자코뱅 클럽 회원으로서 공포 정치의 출범을 부르짖은 사람은 프랑스의 목사 클로드 루아에Claude Royer였다("공포를 시대의 풍조로 삼자!").[8]

시류에 편승하는 오늘의 성직자들과 불충실한 기독교 활동가들은 또 어떤 끔찍한 신질서를 위해 물밑 작업을 하고 있을까? 추측해 봐야 부질없겠지만 굳이 그 결과를 기다릴 필요도 없다. 사실 서구 교회의 가장 큰 적은 정부도 아니고 무신론 같은 어떤 이념도 아닌, 바로 세상과 시대정신이다. 무엇이든 기독교 신앙의 순수한 표현에 미치지 못하는 것은 발전된 현대 세계의 공격과 유혹에 맞서 견고히 설 가망이 없다. 이렇듯 교회가 세속화되면 주님을 배반할 뿐 아니라 소명에 부응하지도 못한다. 교회의 소명이란 위험할 정도로 세상과 달라져서, 세상에 속하지 않은 능력으로 세상으로부터 해방될 길을 제시하는 것이다. "우리로부터 우리를 구원하는" 일이 발전된 현대 세계의 만연한 문제가 된 지금, 세속적 교회는 제시할 초자연적 구원도 없을 뿐더러 교회 자신부터 구원이 시급한 부끄러운 처지에 놓여 있다.

그러나 그것이 끝이 아니다. 세속적 교회는 부패했을 뿐 아니라 비겁하다. 현대 교회의 세속성은 다분히 시대정신과 그 시스템에 대한 **자발적 항복**이기 때문이다. 시대에 따라 당대의 권력이 공공연히 교회를 유혹하려 들거나 잔인하게 교회를 자신의 목적에 복종시킬 때도 있다. 스탈린 치하의 러시아 정교회나 히틀러 치하의 루터교의 만연한 타협이 좋은 예다. 그것도 충분히 비참할 수 있지만, 요즘 일부 서구 교회의 세속성은 어떤 의미에서 그보다 더 비참하다. 미국 성공회의 극단론자들이나 복음주의 신생 교회의 과격파에게서 그런 다른 예를 볼 수 있다. 예수께서는 "그들의 열매로 그들을 알리라"고 말씀하셨다.^{마 7:20} 그들의 사상이 무르익을 때까지 충분히 기다려 보라. "새로운 세계를 위한 새로운 기독교"라고 요란하게 떠들지만, 알고 보면 번번이 구태의연한 타협과 이단이다. 이런 세속성은 스스로 택한 것이기에 변명의 여지가 없다. 순진하고 숨 가쁘게 자초한 결과이며, 많은 경우에 도저히 이해가 안 갈 정도로 미련하다.

위대한 복음주의 신학자이자 지도자인 칼 헨리^{Carl F. H. Henry}는 미국의 동료 신자들에 대해 이렇게 말했다. "전에는 복음주의자들을 문화 속으로 내보내기가 불가능에 가까웠는데, 이제 그들을 문화로부터 떼어 놓기가 똑같이 불가능하다." 얄팍하고 요란한 세속성 때문에 대체로 복음주의는 기독교적 합의라는 문화적 종교로 전락하고 말았다. 한때는 그런 합의가 미국을 지배했으나 이제는 그마저도 쇠퇴하고 있다.

항상 "지속적 개혁"$^{semper\ reformanda}$이 필요하다는 종교개혁의 원리가 이전 어느 때 못지않게 요긴하다. 그러나 우리 자신에게 던져야 할 질문은 "나는 개혁되었는가?"가 아니라 "나는 개혁되고 있으며 개혁하고 있는가?"이다. 우리 자신과 오늘의 서구 교회를 돌아보면, 아직도 숫자는 많은데 온전함과 영향력은 날로 줄어드는 거대한 괴리가 있다. 눈물과 답답한 마음으로 이렇게 말할 수밖에 없다. "예수의 방식이 잘못되었거나 우리가 잘못되었거나 둘 중 하나다."

물론 부끄럽게도 우리는 그 답을 너무나 잘 알고 있다.

진정한 그리스도인은 하나뿐 로마의 위대한 정치가요 철학자요 웅변가인 마르쿠스 툴리우스 키케로$^{Marcus\ Tullius\ Cicero}$는 "자신의 출생 전에 무슨 일이 있었는지 모르는 사람은 영원한 아이가 될 수밖에 없다"고 썼다. 오늘날 서구 교회에는 "영원한 아이"가 너무 많다. 이런 그리스도인들은 과거를 존중하지 않기에 현재라는 네버랜드(피터 팬의 이야기에 나오는 가공의 나라—옮긴이)에서 피터 팬처럼 살아 갈 수밖에 없다. 과거에 대한 지식이 일천하다 보니(또는 마음 이 온통 미래에 가 있다 보니) 그들은 용기가 고취되거나 지혜를 맞들일 수 없고, 이전 세대들이 빠졌던 함정으로부터 자신의 행보를 지킬 수도 없다.

예수 이후로 2천 년이 지났으니 우리는 기독교 역사상 가장 지혜로운 세대가 될 법도 하다. 정말 우리는 과거의 영감과 앞 서간 사람들—또한 이단이나 오명에 빠진 사람들—의 풍성 한 교훈을 통해 웬만한 오류쯤은 다 면할 수 있는 특권을 부여 받았다.

그러나 안타깝게도 현실은 그렇지 못하다. 본래 역사를 가 장 잘 아는 사람일수록 또한 가장 겸손해지는 법이다. 우리도 다 똑같은 실수는 물론이고 새로운 과오까지 범한다는 확실한 사실 때문이다. 언젠가 미국의 한 젊은 귀부인이 저명한 역사 가인 테오도르 몸젠Theodor Mommsen에게 미국은 역사가 짧은 나 라이므로 모든 과오가 무마되어야 한다고 말했다. 그러자 몸 젠은 이렇게 대답했다. "부인, 처음부터 당신의 나라 앞에 유 럽 역사 전체가 열려 있었습니다. 그런데 예외 없이 미국은 유 럽이 범한 모든 과오를 시종일관 되풀이했습니다."[9]

권력이 너무 세고 성공이 너무 커서 감히 자신이 배우지 않 아도 된다고 생각하는 미련한 자에게는 화가 있다. 우리에게

2천 년에 걸친 교회의 문화 참여의 교훈이 주어져 있음은 특권이다. 지난 2천 년이 남긴 주된 교훈은, 단 하나의 기독교 문화란 없으며 완전한 기독교 문화도 없다는 것이다. 따라서 황금기는 과거에 있었던 게 아니라 앞으로 남아 있다. 그것은 **오직 우리 주님께서 다시 오실 그때뿐**이다.

당연히 이 기초적 교훈은 처음부터 분명했어야 한다. 본래 우리 그리스도인은 자신의 죄까지 포함해서 원죄를 진지하게 여기는 사람들이다. 게다가 니체가 제대로 말했듯이, 진정한 그리스도인은 역사상 유일했으니 바로 십자가에 못 박히신 그분이다. 그리스도를 따르는 고금의 우리 모두는 매번 일관되고 온전한 그리스도인에 미치지 못했으며, 위대한 성인들이라고 해서 다를 바 없다. 이 땅에서 이생을 사는 동안 우리는 "아직"[not yet]을 결코 벗어날 수 없다.

사실 가장 위대한 성인들이 늘 보여준 특징이 있다. 남들 눈에 하나님께 더 가까워 보일수록 그들은 자신의 죄와 부족함을 더욱 절감했다. 던디의 세인트피터 교회에서 목회한 젊고 훌륭한 스코틀랜드 목사 로버트 머레이 맥체인[Robert Murray M'Cheyne]은 자신이 성인 같다는 찬사를 들었을 때 이렇게 예리하게 대답했다. "부인, 제 속마음을 보실 수 있다면 제 얼굴에 침을 뱉으실 겁니다."

기독교 문화를 이해할 때도 똑같은 겸손이 필요하며, 원칙상 이런 인식이 처음부터 있었어야 한다. 삶을 어떻게 영위할 것인가에 대해 하나님이 명백한 권위적 가르침을 주지 않으신 부분에 대해서는, 하나님이 주신 원리의 지침 안에서 우리가 자유로이 해답을 도출할 수 있다. 하지만 이는 우리의 최선의 해답이 늘 어떤 **하나의** 기독교적 행동방식이라는 뜻이다. 그 것은 완벽한 기독교적 행동방식에 미치지 못하며, **유일한** 기 독교적 방식은 더더욱 아니다.

하나님의 원리에 비추어 우리는 그 원리에 어긋나는 특정한 행동방식을 기독교적이지 **않다고** 말할 수는 있다. 그러나 **어 느 하나만이** 기독교적이라고 말할 수는 없다. 그런 의미에서 단 하나의 "기독교적 경제", 단 하나의 "기독교적 은퇴 계획", 단 하나의 "기독교 정당" 등 무엇이든 단 하나의 기독교적 방 식이란 없다.

그 반대로 믿고 우리의 최고의 행동방식이 곧 "유일한 기독 교적 방식"이라고 주장한다면, 이는 배타주의의 오류다. 다시 말하지만, 기독교적이지 **않다고** 확실히 말할 수 있는 행동방 식은 있으나 대부분의 영역에서 **특정한 한 방식만** 기독교적이 라고 말해서는 안 된다. 어느 특정한 형태의 행동방식만 정말 "기독교적"이라고 보는 것은 위험한 과오다. 이는 절대적인 것과 상대적인 것, 그리고 영원한 것과 일시적인 것을 혼동하 는 일이다. 그렇게 되면 일시적 형체가 무엇이든 그것과 더불어 결국 신앙 자체까지 외면당하게 된다.

이 경고는 문화를 대하는 우리의 태도에도 똑같이 적용된다. 물론 그리스도인은 누구나 기독교 역사에서 자신이 제일 좋아하는 시기가 있다. 그에게는 그때가 신앙의 황금기에 해당한다. 정교회는 초기의 교부 시대를 귀히 여기고, 가톨릭은 중세 세계와 "위대한 신앙의 시대"를 경건하게 말한다. 개신교는 "복음과 성경을 되찾은" 종교개혁을 떠받들고, 복음주의는 제1차 대각성 운동을 통해 복음 전파와 거기서 파생된 수많은 사회 개혁이 강력하게 통합된 데서 대단한 자부심과 용기를 얻는다. 오순절파와 순복음은 기독교 교회 역사상 지금도 계속되고 있는 가장 위대한 선교 운동의 하나를 촉발한 아주사 거리$^{Azusa Street}$의 부흥을 떠올린다.

하지만 이 모든 시기는 기껏해야 어느 정도 기독교적이었으며, 오늘날 그 명백한 복과 더불어 결함과 맹점과 본의 아닌 결과도 얼마든지 열거할 수 있다. 그렇다고 도덕적 등가성을 주장하거나, 진리를 능력이나 개연성과 혼동하거나, 기독교의 상이한 전통의 중요성을 축소하거나, 신학적 기준이 중요하지 않다는 사고의 우를 범하는 것은 아니다.

진리는 항상 더없이 중요하다. 하나님은 진리의 하나님이시며 진실하신 분이다. 진실하게 행동하시고 진실하게 말씀하신다. 그분의 진리는 항상 우리의 최고의 기준이자 관심사여야 한다.

사실 하나님의 진리에 불충실하면 지성뿐 아니라 사랑에도 실패한다. 개신교의 극단적 자유주의가 지난 2백 년간 그렇게 불충실했고, 지금도 후안무치하게 똑같이 그렇게 하고 있다. 불충실은 배교의 문제만이 아니라 간음의 문제다. 진리에 대한 헌신 없이는 개혁은커녕 개혁의 가능성도 있을 수 없다. 개혁의 필요성을 판가름하는 기준도 진리이고, 모든 개혁을 진행하는 기준도 진리이기 때문이다. 진리가 없으면 개혁과 변질의 차이도 있을 수 없다. 진실이 없으면 세상이 온통 잿빛이 되고 만사가 "누구 말대로?"로 축소된다.

그러나 동시에 또 다른 사실이 있다. 우리 모든 그리스도인이 타락한 존재이듯 모든 기독교 문화도 결함이 있다. 하나님을 대면하여 뵐 때에야 비로소 우리는 그분이 빚고 계신 본연의 모습이 될 것이다. 하나님이 그분의 나라를 완성하실 때에야 비로소 철두철미 명실상부한 기독교 문화가 이루어질 것이다. 요컨대 그리스도인의 황금기는 늘 아직 남아 있다. 그때까지는 우리의 최고의 노력에 대해서도 현실주의가 필요하고 억지로라도 겸손해야 한다. 하나님을 알기 전에 우리는 그분의 기준에 도달하지 못했고, 은혜가 우리를 건져 믿음으로 이끌었다. 그러나 하나님을 아는 지금도 우리는 그분의 기준에 도달하지 못하며, 여전히 은혜가 우리를 구하여 더 본연의 모습이 되게 해주어야 한다. 재차 말하지만 우리의 최고의 사상과 노력에는 "아직"과 "미완"이라는 딱지가 붙어 있다. 우리는 기독교의 각기 다른 전통들과 과거의 가장 위대했던 신앙의 시대들로 인해 하나님께 감사드린다. 그러나 우리의 황금기는 아직 남아 있다. 메시아가 다시 오실 때가 그때다.

반전의 하나님　　　　　　이상의 굵직한 근본적 교훈 외에도 역사의 교훈이 세 가지가 더 있다. 이것이 오늘의 우리에게 도전과 용기를 줄 수 있는 것은, 각 교훈마다 하나님이 반전의 하나님이시고 최종 권위가 늘 그분께 있음을 일깨워 주기 때문이다.

역사의 첫 번째 역설적 교훈은 **가장 큰 성공의 시기일수록 가장 큰 실패의 씨앗을 품고 있다**는 것이다. 서글프지만 매우 의미심장한 사실이 있다. 기독교 교회가 세상을 향해 저지른 가장 큰 악들은 당대뿐 아니라 그때까지의 온 세상을 통틀어 가장 일관되고 철저하게 기독교적이라고 여겨지던 사회―기독교 세계―에서 나왔다.

많은 사람들이 놓치고 있지만 히포의 주교인 성 아우구스티누스의 『하나님의 도성』은 사실 아주 특이한 배경에서 나왔다. 그는 로마의 함락을 그리스도인들 탓으로 돌리던 이교도들에게 응답한 것만이 아니라, 당대의 그리스도인들에게 하나님의 도성의 시민권과 인간의 도성―로마―의 시민권을 구분할 것을 도전했다. 그들은 참 시민권이 하나님의 도성에 있었으므로 인간의 도성에서는 "거류 외국인"에 지나지 않았다. 따라서 마땅히 그렇게 살아야 했다.

아우구스티누스가 그 점을 강조해야 했다는 사실이 놀랍다. 불과 한 세대 전만 해도 디오클레티아누스 황제가 그리스도인들을 무자비하게 박해했었다. 그런데 4세기 초가 되자 가이사랴의 유세비우스^{Eusebius}는 콘스탄티누스^{Constantine} 황제를 "제2의 다윗"으로 환호하면서 "동일한 하나님께 특별히 임명받아 인류의 유익을 위해 복의 두 뿌리가 함께 돋아났으니, 하나는 로마 황제요 또 하나는 기독교 신앙의 교리다"라고 단언했다.[10] 그러다 388년에 테오도시우스^{Theodosius} 황제가 기독교 신앙을 로마의 공식 종교로 선포하자, 로마에 신축된 라테란 성당과 바티칸 성당은 세례를 받으려 몰려드는 군중을 감당해 낼 수가 없었다. 박해의 대상이던 그리스도인들이 졸지에 특혜의 대상으로 변했고, 이 새로운 특혜를 누리면서 로마에 대한 그들의 관점까지 변했다.

로마는 더 이상 적그리스도가 아니라 하나님의 종이자 그분의 나라를 진척시키는 동력으로 간주되었다. 당시에 많은 사람들이 로마가 번성하고 확장되면 하나님 나라도 번성하고 확장될 줄로 믿었다. 이런 잘못된 기독교적 승리주의를 신봉하던 사람들에게 로마의 함락은 그야말로 청천벽력이었고, 그래서 아우구스티누스는 두 도성의 차이를 확실히 인식시킬 필요가 있었다. 하나님의 도성은 인간의 도성이 아니다. 인간의 도성은 무너졌지만 하나님의 도성은 영원히 남는다.

그러나 기독교 세계의 출현에는 그런 배경이 없었다. 이전에 박해가 없었으니 교회와 세상이 대비될 일도 없었고, 이전의 강대국을 넘겨받지 않았으니 누구든지 정체성을 혼동할 일도 없었다. 기독교 세계는 "철저히 기독교적"이었고 새롭게 부상했다. 암흑기는 끝나고 복음의 빛이 퍼져 나갔다. 야만의 혼돈과 폭력 속에 기독교 세계는 연합과 평화를 창출했다. 오랜 세월의 무질서 속에 기독교 세계는 신질서를 이루었다. 이교의 유혈과 어둠과 죽음 속에 기독교 세계는 기독교 사회의 찬란한 새로운 비전을 내놓았다. 로마 제국이 붕괴한 잿더미 속에 기독교 세계는 한없이 숭고한 계승자를 배출했으니, 바로 기독교 신앙에 중심을 둔 로마 곧 "신성 로마 제국"이었다.

이런 비전과 성취에 누가 토를 달겠는가? 이런 성공에 누가 이의를 제기하겠는가? 그런 사람은 당연히 거의 없었다. 오히려 12세기의 역사가 오토 폰 프라이징Otto von Freising은 히포의 주교인 성 아우구스티누스의 은유를 그대로 활용하여 그의 사상을 치명적으로 뒤집었다. "지금까지 내가 쓴 역사는 두 도성의 역사가 아니라 거의 한 도성의 역사다. 나는 그것을 '기독교

세계'라 부른다."[11] 마침 그는 신성 로마 제국이라는 국호를
처음 사용한 프리드리히 바바로사[Frederick Barbarossa] 왕의 삼촌이기
도 했다.

도성이 둘이 아니라 하나뿐이란 말인가? 기독교 세계의 성
공이 그 정도이다 보니 두 도성에 대한 비전은 깨끗이 상실되
고 말았다. 이제 도성은 하나뿐인데, 그것은 하나님의 도성으
로 착각된 인간의 도성이었다. 이렇게 두 도성의 명백한 구분
이 없다 보니 결국 가장 필요한 순간에 문화적 긴장과 예언적
비판이 부재했다. 그 치명적 결과로 이른바 루시퍼의 구호가
다시 사실로 입증되었다. **"가장 선한 것의 부패가 최악의 부패
다"**(셰익스피어는 그것을 "백합이 썩으면 잡초보다 훨씬 악취가 심하
다"고 표현했다.[12])

내 요지는 중세의 가톨릭을 무턱대고 비판하려는 게 아니
다. 기독교 세계는 기독교 신앙을 삶 전반에 적용하려는 용감
한 시도였기 때문이다. 여러 대학과 대성당 등 그것이 서구 세
계에 준 많은 선물은 풍요로웠고 감화를 주었다. 아울러 똑같
은 과오가 그대로 되풀이된 다른 시기들도 많이 있었다. 예컨
대 1930년의 독일 개신교는 비겁하여 히틀러에 대항하지 못
했다. 1980년대 르완다의 많은 교회는 점증하는 증오와 부족
주의에 맞서지 못한 채 침묵했고, 그것이 결국 1994년의 르완
다 대학살로 이어졌다.

그러나 초기 기독교 세계의 전형적 실패는 몇 가지 중대한 교훈을 부각시켜 준다. 한편으로 예언적 거리와 비판의 부재는 기독교 세계가 체내 중독으로 죽었다는 뜻이다. 이는 신장이 노폐물을 제거하는 능력을 잃어버려 온몸에 독이 퍼지는 요독증尿毒症과 비슷하다. 어차피 중세 말기에 누구를 막론하고 교회를 탈퇴하거나 교회와 싸운다는 것은 사실상 불가능한 일이었다. 교회의 강제력이 갈수록 더 심해졌기 때문이다. 예컨대 유대인에게 세례를 강요한 끔찍한 관행도 그렇고, "오류는 권리가 없다"(교황 비오 9세가 발표한 "오류 목록"The Syllabus of Errors 에서 유래했으며, 누구도 오류를 공론화할 도덕적 권리가 없다는 의미다―옮긴이)는 섬뜩한 교리도 그렇다. 1302년에 교황 보니파시오 8세Boniface VIII는 "우남 상탐"(교서의 첫 두 단어를 딴 명칭으로 "하나의 거룩한 [교회]"라는 뜻이다―옮긴이)Unam Sanctam이라는 교서까지 발표하여 "인간이 구원받으려면 누구나 반드시 로마 교황에게 복종해야 한다"고 규정했다.[13] 지상 만민이 로마 교황에게 복종해야 한단 말인가? 이러한 전체주의적 허세와 교만 앞에서는 차라리 머리가 어찔할 정도다.

19세기의 세계는 중세의 세계와 사뭇 달라서 폐쇄적이지 않고 개인주의가 만연했으나, 그래도 키에르케고르는 비슷한 흐름을 지적했다. 사랑의 하나님이 받기 원하신 사랑은 큰 부대나 나라나 군중의 사랑이 아니었다. 그분의 소원은 언제나 "다른 사람들과 대비되는 개개인"이었다. 그런데 키에르케고르의 이어지는 말처럼 "점차 인류는 영악한 본심이 살아나, 기독교를 없애기가 사실상 불가능함을 깨달았다. 그래서 '그렇다면 잔꾀를 쓰자. 우리는 다 기독교인이며 따라서 그 사실만으로 기독교는 폐기되었다'고 말했다."[14] 가톨릭이 이견을 공공연히 배격했다면, 개신교는 좀 더 미묘했다. 하지만 중독이라든가 예언적 비판의 부재는 똑같았다.

게다가 예언적 거리와 비판이 똑같이 부재하다 보니, 반복해서 터지는 교만과 독선과 악과 위선에 대한 해결책이나 맞대응도 있을 수 없었다. 키에르케고르가 당대 개신교의 문제를 지적했듯이 "'기독교 세계'에서 우리는 다 기독교인이며 따라서 대립 관계는 존재하지 않는다……이제 우리는 (기독교라는 이름하에) 이교도의 삶을 살아간다."[15] 그러니 기독교 세계와 "위대한 신앙의 시대"—중세와 현대 둘 다—의 가장 큰 성공으로부터 훌륭한 학문과 건축과 미술과 음악만 나온 게 아니라 기독교 교회가 세상을 향해 저지른 가장 큰 악들이 나온 것은 당연한 일이다.

이러한 일대 비극의 규모와 수치에 견줄 만한 것은 별로 없다. 가톨릭 전통이 그토록 부패에 취약해진 것은 바로 교회의 힘과 무엇보다 모든 제도적 규모와 엄청난 권력과 부 때문이었다. 이는 결코 외면해서는 안 될 사실이다. 가톨릭의 부패는 잘 알려진 월권과 악으로만 나타난 게 아니라 유물 같은 것에 대한 조잡한 미신, 면죄부 판매 같은 부정하고 파렴치한 돈벌이, "오류 목록" 같은 조치를 통한 인간 사고의 무도한 구속, 근래의 성희롱과 아동성애로 인한 깊은 수치 등으로도 나타났다.

현재의 프란체스코 교황 같은 지도자들은 예언적 질타를 통해 교회의 겸손을 회복할 것인가? 그리하여 이 거대한 제도적 권력이 복음의 참된 종이자 인간 자유의 영원한 동반자가 될 것인가? 지금 중요한 것은 기독교의 모든 전통이 남긴 과거와 그 유산을 솔직히 인정하는 것이다. 거기에는 다음 사실도 포함된다. 즉 오늘날 유럽의 세속성은 교회가 과거의 그런 악들에 대해 지금도 치르고 있는 엄청난 대가다. "마지막 사제의 근성으로 마지막 왕을 교살해야 한다"던 프랑스 혁명의 구호에서 보듯이, 세속주의가 뿌리 깊은 반감을 품은 주원인은 유럽 역사에서 보여준 기독교 교회의 부패에 있다.

그보다 낮은 차원의 많은 성공에서도 동일한 교훈이 제기된다. 그리스도인 개개인의 성공이든 교회와 영적 운동의 성공이든 마찬가지다. 예컨대 미국의 복음주의는 개신교 자유주의가 1960년대에 무너진 뒤로 잠깐 문화적 햇볕을 쬐었다. 그들은 새로 얻은 정치적 근육을 구사하며 문화적 주목을 한 몸에 받았다. 그때는 미국 인구의 약 3분의 1이 자칭 "거듭난" 신자였다. 그러나 복음주의는 으레 진리가 결여된 "기분 좋은" 신학, 함량 미달의 기독교 정치, 주입식 전도, 유행과 시의성을 좇는 온갖 덧없고 볼품없고 세속적인 추구 등으로 그 순간을 탕진하고 말았다. 뜨끔하게도 복음주의가 우세하던 시기는 미국이 도덕적으로 타락하던 시기와 일치한다. 도덕적 타락을 막기 위해 복음주의가 한 일이 없다. 당연히 이 운동은 우선 기독교 신앙의 자멸적 희석으로 끝났고, 이어 이런 얄팍함과 미련함에 염증을 느낀 사람들이 대거 신앙에 등을 돌렸다.

성공의 시기는 가장 큰 실패의 씨앗을 품고 있다. 하나님의 도성은 언제나 인간의 도성을 예언적으로 비판해야 한다. 구약에서 분명히 보듯이 선지자 자신에게도 선지자가 필요하다. 선지자도 타락하여 현 상태와 시대정신밖에 모르는 거짓 선지자가 될 수 있기 때문이다. 로마의 정복자들도 종에게 시켜 자신의 귀에 "당신이 죽을 인간임을 잊지 마십시오"라고 속삭이게 할 만큼 지혜로웠다면, 하나님의 사람들은 자신에게 존 던 John Donne이 말한 "형안炯眼의 예언자들"과 그들의 감시가 필요함을 얼마나 더 절실히 알아야겠는가?[16] 이생에서 누리는 성공과 권력과 부와 명예의 복은 언제나 양날 검과도 같은 특권이다.

먼동이 트기 직전　　역사의 두 번째 역설적 교훈은 **가장 어두운 시간이 곧 동트기**

직전이라는 것이다. 물론 이것은 모든 부흥의 이야기요 교훈이다. 부흥이 일어나기 5분 전까지도 영적 풍경은 어둡고 황량할 수 있다. 그런데 5분 후에 모든 것이 달라졌다. 선지자 에스겔의 환상처럼, 한순간 골짜기는 뼈로 가득했다. 뼈들은 죽어서 미동도 없고 "아주 말랐더라"고 했다.[겔 37:2] 그런데 다음 순간 바스락거리고 달그락거리는 소리가 나더니 몇 초 만에 용사들의 큰 군대가 일어나 당당히 섰다. 하나님의 생기가 선지자의 대언을 통해 그들을 살려 냈다.

한편으로 우리 인간이 부흥에 기여할 수 있는 것이라고는 부흥의 필요성과 그것을 아뢰는 간구뿐이다. 다른 한편으로 능력은 틀림없이 하나님의 능력이다. "이 뼈들이 능히 살 수 있겠느냐"라는 하나님의 물음에 에스겔 선지자는 "주 여호와여, 주께서 아시나이다"라고 대답할 수밖에 없었다.[겔 37:3] 물론 인간이 할 수 있는 일이 많이 있으며, 분명히 우리 세대는 이전 어느 세대보다 더 많은 일을 할 수 있다. 그러나 죽은 것을 살리고 세속성과 부패의 자리에 영적 생명을 부여하는 일이라면 어떨까? 우리로서는 아예 불가능한 일이다. 그 일이 이루어져야 한다면 하나님만이 하실 수 있다. 실제로 그분은 예로부터 지금까지 그런 일을 수없이 많이 하셨다.

토머스 제퍼슨Thomas Jefferson은 이신론자이자 계몽주의 시대의 지식인답게 초자연적 세계와 그것을 기독교 신앙의 중심에 두는 모든 사람을 멸시했다. 그래서 18세기 말경에 그는 미국에서 복음주의가 소멸되고 단일신론이 승리할 것을 예견하면서 한껏 쾌재를 불렀다. 그러나 똑똑한 제퍼슨의 생각도 다 "해 아래에" 있다 보니 자연적 세계 너머의 요인을 전혀 고려하지 않았다. 초자연적 실재인 진정한 부흥의 가능성을 간과한 것이다. 제2차 대각성 운동이 일어나 복음주의가 부활하고 단일신론이 거의 소멸되었을 때 그는 마냥 원통했을 것이다.

오늘날 우리 그리스도인의 사고도 다분히 제퍼슨의 사고처럼 다 "해 아래에" 있다. 비록 사회학적 최신 통계와 가장 예리한 해설을 다 갖추었어도, 단 하나의 궁극적으로 중요한 요인—하나님 자신—을 빼놓는다면 지극히 미련하다. 비관론자와 암울한 종말론자는 각종 통계—일부는 충격적이고 일부는 오싹하며 대부분 흠 없이 정확하다—를 동원하여 우리 앞에 심란한 예측과 암담한 결론을 내놓는다. "다 끝난 것인가?" 어떤 사람들은 교회의 실패와 기독교적 정치의 무산된 희망을 하나님 나라 자체의 실패로 혼동하여 그렇게 묻는다. "우리도 다 유럽처럼 될 것인가?" 마치 유럽이 하나님께 돌아올 수 없다는 듯이 그런 의문을 품는 사람들도 있다. 이미 유럽은 전에도 떠났다가 그리스도를 믿는 믿음으로 다시 돌아온 적이 있다.

우리 신앙의 중심에 예수의 영광스러운 부활이 있다. 무에

서 우주를 창조하시고 "없는 것을 있는 것으로 부르시는"^{롬 4:17}
바로 그 하나님이 죽은 자에게 생명을 주고 마른 뼈를 살리신
다. 우리의 모든 "해 아래의" 예측이 현실적이고 설득력 있어
보일 때도 있으며, 결코 현실성을 잃어서도 안 된다. 그러나
하나님이 말씀하시고 행동하시면 모든 것이 달라지고 아무것
도 전과 같지 않다. 우리 신앙의 중심에는 영광스러운 부활이
있고, 우리의 이전에는 교회가 쇠퇴했다 쇄신된 장구한 이야
기가 있다. 그래서 가장 어두운 시간이 곧 동트기 직전이라는
말은 상투어가 아니라 확신이다.

먼저 후퇴해야   역사의 세 번째 역설적 교훈은
가장 잘 전진한다   **교회가 가장 잘 전진하려면 항
상 먼저 후퇴해야 한다**는 것이다. 두 번째 역설이 한낱 상투어
로 간과될 위험이 있다면 이번 역설은 대놓고 거부당할 위험
이 있다. 현대의 지배적 사조에 정면으로 어긋나기 때문이다.
   대부분의 역사 동안 대부분의 인간은 과거와 현재와 미래라
는 시간의 3대 국면을 인식했다. 하지만 웬만큼 확실하게 말
할 수 있는 부분은 과거뿐이었다. 과거는 이미 발생해서 "상황
끝"이라 고칠 수가 없었고, 그저 역사가들한테나 만인이 아는
사실을 다르게 해석하는 곤란한 버릇이 있었을 뿐이다. 나아
가 각자의 작은 세상인 마을과 소읍의 반경을 벗어나서는 거

의 모두가 세상의 여타 지역의 현재를 거의 몰랐다. 더욱이 미래는 전혀 몰랐다.

그런데 발전된 현대의 속도와 "빠른 삶"이 이 모두를 바꾸어 놓았다. 우리는 너무 빨리 움직이느라 과거를 생각할 겨를이 없다. 게다가 요즘은 "즉각적 종합 정보" 덕분에 온 세상의 모든 일을 "실시간에" 볼 수 있다. 24시간 내내 계속되는 최신 뉴스만 보아도 알 수 있다. 무엇보다 놀라운 것은 (엉터리 과학인) 미래학의 신기한 수정 구슬을 통해 이제 우리가 미래도 안다는—적어도 아는 척한다는—사실이다.

현대의 빠른 삶은 결과적으로 우리의 시간관념을 바꾸어 놓는다. 또 우리의 사고를 과거에서 미래로, 특히 미래가 현재가 되는 그 고속의 순간으로 옮겨 놓는다. 그 순간을 놓치면 당신은 즉시 패자와 등외로 밀려난다. 그러나 그 요긴한 찰나적 순간을 잡으면 시의성과 권력과 성공을 여는 마법의 열쇠가 당신의 손안에 쥐어진다. 정치 운동을 출범할 때든, 제품을 출시할 때든, 메시지를 홍보할 때든, 하나님 나라의 소식을 전할 때든 다 마찬가지다.

이것이 "늘 급한 일로 쫓기는 삶"의 은밀한 위력이며, "오늘을 붙잡으라"*carpe diem*는 말은 세계적 유행어가 되었다. 24시간 깨어 있는 의식과 시시각각 갱신되는 시의성이 제일 중요하다는 것이다. 어엿한 인물이 되려면 누구든지 늘 최신 상태여야 하며, 시대에 뒤진 채로 낙오되는 것보다 더 큰 수치는 없다. 이런 사고방식에 매료되어 어떻게든 "역사의 변방"을 피하려는 사람들에게는 급한 일이 중요한 일을 삼키고, 무조건 최신이 최고이며, 새것일수록 진리가 된다. 적어도 말로는 늘 그렇다.

그러나 현대를 지배하는 이러한 집착에는 수많은 위험이 도사리고 있다. 특히 그것은 근시안, 유행 추구, 찰나성, 즉각적 쇠퇴 등에 이르는 지름길이다. 하지만 예수를 따르는 사람들의 경우에는 이 집착에 그보다 더 근본적인 문제가 있다. 즉 그것은 하나님 나라의 방식이 아니다. 성경과 역사에 나오는 많은 회복과 쇄신의 장구한 이야기에서 의심의 여지 없이 보듯이, **교회는 항상 먼저 후퇴해야 가장 잘 전진한다.**

이 원리는 심히 유행에 어긋나며 당연히 직관에 반하는 것처럼 들린다. 따라서 복고적이고 과거에 집착하는 것으로 일축될 위험이 있다. 역사의 본무대에 있지 않으므로 "미래의 물결"일 수 없을 뿐더러, 소위 신흥 세력이니 미래의 선구자니 진정한 진보 사상가로 자부하는 사람들의 철학도 될 수 없다는 것이다. 이런 비판은 널리 퍼지는 경향이 있어서 떨치기 힘든데, 결국 기독교적 방식의 특성을 놓치는 꼴이다.

오늘의 세계는 많은 부분에서 양극단으로 쏠리고 있다. 개인주의와 집단주의 사이의 밀고 당기는 싸움도 그런 경우다.

시간을 이해하는 부분에서 양극단은 진보주의 대 원시주의다. 두말할 것도 없이 후자도 전자 못지않게 나쁘다. 이슬람교의 살라프파(초기의 이슬람 신앙으로 회귀해야 한다는 수니파의 근본주의—옮긴이)^{Salafism}든 다른 어떤 종교적 근본주의든, 그것은 스러진 지 오래인 과거를 되찾으려는 부질없는 시도에 불과하다.

반면에 교회가 먼저 후퇴해야 가장 잘 전진한다는 말은 원시주의나 이전의 어느 시기에 대한 동경이 아니다. 이는 시대가 아니라 하나님께로 돌아간다는 뜻이다. 그동안 하나님을 등지고 우상을 향했기에 이제 우상을 버리고 하나님께로 돌이키는 것이다. 구약성경에 밝히 나와 있듯이 이런 "돌이킴"은 결코 복고가 아니다. 우리가 돌아가는 대상은 시대가 아니라 인격체이고, 황금기가 아니라 하나님이다.

1세기의 교회 시대로 돌아가는 것은 무의미하다. 그때는 황금기가 아니었으며 신약성경에 예수의 첫 제자들의 오류와 편견과 오명과 부패와 분열이 숨김없이 기록되어 있다. 베드로는 이방인에 대한 편견이 있었고, 아나니아와 삽비라는 거짓말쟁이였으며, 고린도의 그리스도인들은 주변 도시의 이교도들 못지않게 도덕적으로 해이했다. 예를 들자면 한이 없다. 예수의 첫 제자들은 새로운 기독교적 의미에서 "성도"였으나 단어의 사전적 의미에서 "거룩함"과는 거리가 멀었다.

물론 초대 교회에는 그동안 우리가 망각하거나 왜곡하거나 오해하여 손해를 자초한 부분들—그중 최고는 성령의 위상과 능력이다—도 꽤 있다. 우리는 늘 거기서 배우고 그런 재발견에서 뭔가를 얻기를 속히 해야 한다. 그러나 하나의 시기로서 그 시대는 우리의 결정적 모델이나 기준이 아니며, 우리 이전의 다른 어느 시대도 다 마찬가지다. 완전한 모델과 결정적 기준은 오직 예수 자신이다. 그분의 성품과 가르침과 명령 그리고 그분이 제자들에게 지지하신 성경의 권위뿐이다.

예수께서 어떤 분이시고 그분의 말씀이 어떤 의미인지에 대해 해석의 차이가 존재할까? 물론이다. 그분이 말씀하신 본뜻과 성경의 가르침을 이상하고 극단적으로, 심지어 틀리게 적용할 수 있을까? 두말할 것도 없다. 그러나 우리의 관점과 해석은 권위가 없다. 유일한 결정적 권위는 어느 무오한 지도자에게 있지 않다. 그런 사람은 없기 때문이다. 그 권위는 어느 집단에 있지도 않다. 최고의 권위는 오직 예수 자신이다. 그분은 하나님 나라가 침투하고 있다는 기쁜 소식을 선포하셨고, 성경의 유일하고 최종적인 권위를 예증하셨다. 이 복음적 기준과 권위가 우리의 모든 신념과 해석을 지배하며, 우리의 모든 생각과 행동의 최종 기준이고 모델이고 잣대다.

그 깊은 의미에서 우리는 우리 모두가 생각보다 더 죄인이고 더 문화적 근시안임을 인식하는 가운데, 복음적 사명을 받아들인다. 복음적 사명이란 가장 보잘것없는 평신도에서 가장 해박한 학자와 고위직의 대주교와 대형 교회의 목사에 이르기까지 그리스도를 따르는 모든 사람 앞에 놓인 필수 요건이다. **즉 우리는 우리의 신앙과 삶과 존재와 사고와 행동을 우리 주 예수 그리스도, 하나님 나라의 기쁜 소식의 규례, 성경의 권위 등을 기준으로 규정하도록 부름받았다.**

이렇듯 우리는 현대적 의미의 "원시주의자"가 아니며, 그렇다고 현대적 의미의 "진보주의자"도 아니다. 우리가 돌아가는 대상은 시대가 아니라 인격체다. 그래서 우리는 이전 시대에 묶여 있지 않으며 어느 시대에나 전진할 수 있다. 거듭 말하지만 우리 이전에 황금기는 없었으며, 어느 시대의 사람이든 하나님께는 똑같이 가깝고 소중하다. 그러므로 어느 세대에나 그리스도인의 과제는 다윗 왕처럼 되어 자기 세대에 하나님의 목적에 부합하는 것이다. 늘 활동 중이신 하나님과 함께 우리도 늘 전진하는 것이다.

하나님 나라의 새 포도주는 언제나 새 가죽 부대를 요한다. 그래서 그리스도인들이 성령과 함께 전진할 때, 기독교 신앙이 역사상 가장 진보적인 신앙이 됨은 우연이 아니다. 다만 현대의 진보주의와는 결정적 차이가 있다. 기독교 신앙에는 늘 진보를 평가하는 기준이 있다. 다시 말하지만 복음적 사명과 복음적 기준이 결정적이다. 모든 자칭 그리스도인의 삶과 모든 교회의 기독교적 사고와 행동은 예수의 권위, 그분이 선포하신 하나님 나라, 그분이 지지하신 성경의 권위 등의 엄중한 평가를 통과해야 한다.

그런 평가 기준이 없다면 진보주의는 아무런 의미가 없다. 진보란 목적지와 그곳을 향한 측정 가능한 이동이 있을 때에 만 비로소 진보이기 때문이다. 달리 어떻게 진보가 가능하겠 는가? 이른바 진보주의는 결국 허울 좋은 무용지물일 때가 많 다. 진보주의자는 오히려 복고로 빠지기가 너무 쉬우며, 시의 성에 대한 끊임없는 열광은 헛수고만 하는 확실한 길이다. 개 신교의 일부 극단적 자유주의는 복음적 사명에 복종하는 흉내 조차 완전히 버리더니, 그 결과로 허울뿐인 진보주의의 케케 묵은 미련함을 답습하고 있다. 진보주의자는 오히려 후퇴할지 도 모르지만, 반면에 "먼저 후퇴함으로써 전진하면" 그것이야 말로 참되고 측정 가능한 진보의 비결이다.

"교회는 먼저 후퇴해야 가장 잘 전진한다"는 원리가 그래도 복고적으로 들리는가? 예전에 빌리 그레이엄[Billy Graham] 박사가 소련에서 말씀을 전하고 돌아왔을 때, 어느 자유주의 성직자 가 그의 메시지가 너무 단순하다며 대놓고 비난했다. "그레이 엄 박사는 교회를 50년 전으로 되돌려 놓았습니다"라고 이 자 유주의자는 툴툴거렸다.

이 비난을 들은 그레이엄은 조용히 이렇게 대답했다. "교회 를 아예 2천 년 전으로 되돌려 놓을 수 있다면 얼마나 좋겠습

니까!"

서구 역사상 가장 영향력이 컸던 두 가지 진보 운동은 르네상스와 종교개혁이다. 그동안 둘 다 현대 세계를 창출했다는 찬사를 들었고 비난도 들었다. 무엇보다, 뿌리로 돌아가 회복 운동을 폈다는 점에서 둘 다 급진적이었다. 르네상스는 뒤로 돌아가 고전 학문의 뿌리를 회복하려 했고, 종교개혁은 뒤로 돌아가 예수의 복음과 성경의 메시지를 회복하려 했다.

말할 것도 없이 우리의 황금기는 아직 남아 있으며 이전의 모든 시대는 결함이 있다. 따라서 이것은 종교개혁이나 다른 어느 시대를 무비판적으로 지지하는 말이 아니라, 오히려 끊임없는 개혁 자체와 특히 "지속적 개혁"의 원리를 촉구하는 말이다. 한때 "하나님 외에는 하나님이 없다"라든지 "신성한 것 외에는 아무것도 신성하지 않다"와 같은 말들이 있었다. 이런 급진적 원리의 의미는 우리가 모든 통념에 이의를 제기해야 한다는 뜻이다. 우리는 외관상 자명한 것과 한낱 전통에 속아서는 안 되며, 안일에 맞서 늘 불만족을 품을 각오가 되어 있어야 한다.

다르게 표현해서 예수를 따르는 그리스도인의 결정적 신앙고백은 "예수는 주님이시다"이다. 그러므로 복음적 사명은 이것이다. 신앙의 모든 조항, 사고의 모든 가정,假定 그리스도인의 모든 행실, 기독교의 모든 습관과 전통은 예수께서 선포하시고 들여놓으신 하나님 나라의 엄중한 평가와 검열을 통과해야 한다.

르네상스 시대의 교회가 다분히 부패하고 세속적이며 결코 기독교적이지 못했음을 밝혀 준 것도 이 기준이었고, 서구 세계의 많은 현대 교회가 기독교보다 모더니즘에 더 가까움을 드러내 주는 것도 이 기준이다.

우리의 황금기는 저 앞에서 우리를 부르고 있다. 하지만 사실 예수의 주되심 앞에서는 시간의 3대 국면의 경계마저 허물어진다. 우리 신앙의 절대적 기준은 과거에 있는 것처럼 보인다. 단 1세기 자체나 초대 교회에 있는 것이 아니고 예수 자신께 있다. 복음서에서 그분의 주되심과 부르심과 명령에 담겨 있는 최고의 결정적 권위에 있다. 그러나 기준이 과거의 어느 시대가 아니라 바로 예수이기에 그 과거는 그냥 과거가 아니라 현재가 된다. 복음서와 신약의 기록을 통해 우리에게 말씀하시는 예수는 또한 성령의 능력으로 말미암아 우리와 동시대인이시다. 그분이 약속하고 보내신 그분의 영이 지금 우리와 함께하신다. 그분은 어제나 오늘이나 영원토록 동일하시다.

이렇듯 모든 세대와 마찬가지로 이 세대의 우리도 종종 다 잘못을 범한다. 그때마다 우리는 하나님께로 돌아가 그분과 함께 계속 전진해야 한다.

시간과 역사를 주관하시는 주님, 주의 말씀과 영으로 우리에게 강력하게 말씀하소서. 그리하여 우리의 근시안적이고 잘못된 이해를 꿰뚫고 들어오소서. 참과 거짓을, 영원한 것과 덧없는 것을, 값비싼 것과 값싼 것을 구분할 줄 알게 하소서. 유행을 쫓기보다 충실할 수 있는 용기를 주소서. 표사 같은 향수와 신기루 같은 가공의 미래로부터 눈길을 돌리게 하소서. 우리가 살고 있는 이 시대를 명확히 이해하게 하소서. 그리하여 우리 세대에 주님의 목적에 부합하게 하시고, 오늘의 세상에서 더욱 진실한 주의 백성이 되게 하소서. 예수님의 이름으로 기도합니다. 아멘.

Questions

❶ 당신이 가장 존경하는 그리스도인 위인들이나 가장 좋아하는 기독교 역사상의 한 시대를 떠올려 보라. 각 경우마다 최선의 특징과 최악의 특징을 양쪽에 적어 보라. 우리의 황금기가 아직 남아 있다는 말은 무슨 뜻인가?

❷ 서구 세계의 교회 상황을 볼 때 당신은 낙심 쪽으로 기우는가, 아니면 희망 쪽으로 기우는가? 당신과 당신이 아는 대부분의 그리스도인들에게 쇄신과 부흥의 가능성은 살아 있는 실체인가?

❸ 기독교 신앙은 원시주의와 진보주의라는 쌍둥이 위험을 어떻게 피하는가? 지금의 교회를 볼 때 오늘의 우리는 어디로 후퇴해야 전진할 수 있겠는가?

결론적 후기: 다시 한 번 더

지금까지 혼란스러운 이슈들을 개괄적으로 탐색했으니 이제 우리 앞에 놓인 시급한 질문들은 명백하다. 우리는 지난 2천 년의 크고 작은 실패를 돌아보며, 우리 그리스도인들이 주어진 위대한 유산으로 무엇을 했는지 물을 수 있다. 하지만 그러면 향수와 절망에 빠질 때가 너무 많다. 우리의 절박한 질문들은 더 현재적이고 더 주님께 충실해야 한다.

자연스러운 생각에서 나오는 또 다른 부류의 질문들이 있다. 그렇다면 그다음은 어찌할 것인가? 우선 우리는 유럽의 동방정교회의 관점에서 역사의 흐름을 추적하여 그 질문에 답할 수 있다. 그 관점에서 보면 기독교 신앙은 예루살렘에서 로마로 갔다가 콘스탄티누스 황제 치하에 "제2의 로마"(콘스탄티노플)로 이동했고, 1452년에 콘스탄티노플이 포위되고 투르크족이 승리한 뒤로 다시 "제3의 로마"(모스크바)로 옮겨 갔다. 그러나 모든 장점에도 불구하고 동방정교회—그리스와 러시아 양쪽 모두—는 중간에 부패한 적도 많았고 압제도 수없이 행했다. 오죽했으면 거기에 대한 반작용으로 역사상 가장 반종교적인 폭정(소련 공산주의)과 그 계승자의 골치 아픈 독재(러시아의 블라디미르 푸틴 정권)가 출현했다. 유럽의 동방정교회에 지금 개혁과 소생이 필요함은 너무도 자명하다.

　한편 서구 기독교의 관점에서 보면, 기독교 신앙은 예루살렘에서 로마로 갔다가 야만 민족들의 회심을 통해 유럽의 중앙과 북부로 이동했다. 나중에 교회의 비참한 세속화와 부패와 분열 이후로 가톨릭은 교회를 남미로 확장하고 바로크 르네상스를 이룬 반면, 개신교는 광의의 서구 곧 미국과 캐나다와 호주와 뉴질랜드로 역사적 확장을 주도하고 거기서 전 세계로 선교사를 파송했다.

　서구 교회—가톨릭과 개신교 양쪽 모두—의 이런 노력을 통해 복음은 이제 전 세계의 땅 끝까지 이르렀고, 기독교 신앙은 세계 최초의 진정한 세계 종교가 되었다. 그러나 그 과정에서 자체의 과오와 실패가 직접적 원인이 되어 서구 교회는 격렬한 반작용을 불러일으켰다. 그 결과 역사상 이전의 어떤 사회보다도 더 세속적인 사회들이 출현했고, 많은 현대 국가에서 하나님 없는 생활방식이 교회 자체를 주변으로 몰아내고 시의성을 잃은 집단으로 전락시켰다. 가톨릭과 개신교 할 것 없이 서구 교회에 개혁과 소생이 시급히 필요함도 역시 똑같이 자명하다.

이 상황에서 비롯되는 후속 질문들이 더 있다. 무엇보다 먼저, 서구 문명의 가장 강력한 기초인 유대교와 기독교 신앙의 영향력이 완전히 사라져도 그 문명은 지속될 수 있는가? 기독교 이후의 세속 신앙들은 인간의 존엄성, 개인의 자유와 책임, 인간의 성性과 같은 개념들의 기초를 제공할 수 있는가?(이런 개념들은 복음이 서구에 준 선물이자 서구의 자유에 반드시 필요한 것들이다.) 아니면 서구가 자랑하고 뽐내는 자유와 민주주의는 곧 익사할 것인가? 기독교 이후의 나치 정권이나 공산주의의 강압적 독재에 익사하는 게 아니라, 기독교 이후의 중앙집권적이고 관료적이고 전체주의적이고 정부 주도적인 사회의 연성 독재에 익사할 것인가? 지금 우리는 그런 사회를 향해 빠르게 내달리고 있다. 확실한 것은 만약 기독교 신앙이 온전함과 문화적 영향력을 되찾지 못한다면 기독교 이후의 세속주의가 지배력을 장악하리라는 것이다. 게다가 이번에는 알리바이도 없다. 서구에 닥쳐올 모든 결과는 배짱 좋게 신을 버리고 자아를 새로운 신으로 모신 우리의 책임이 된다.

우리로부터 우리를 구원하는 일과 관련된 그 질문은 이 책의 취지상 나중으로 미루어야 한다. 여기서 중요한 것은 기독교 신앙과 교회에 직접 관련된 질문들이다. 가장 깊은 질문은 주님 자신과 관계된다. 하나님은 두 번째로 냉랭해진 서구 교회를 정말 세 번째로 다시 소생시키실 것인가? 또 다른 질문은 우리의 반응과 관계된다. 이 중대한 첫 질문에 대한 하나님의 응답을 기다리면서 우리가 해야 할 일은 무엇인가? 다시 말해 이 순간 우리의 가장 깊은 질문들은 하나님께서 선지자 에스겔에게 하신 질문과 상통한다. "이 뼈들이 능히 살 수 있겠느냐." 그가 보니 패배하여 살육당한 군대의 뼈들이 햇볕에 탈색된 채 골짜기에 가득했다.

에스겔처럼 우리도 이렇게 대답할 수밖에 없다. "오 주여, 주께서 아시나이다." 겔 37:3

그분이 능히 하실 수 있기에　　두 번째 질문에 대한 답은 보다 분명하다. 우리는 하나님만이 맡으실 수 있는 절대적 역할을 인정해야 하지만, 그렇다고 정적靜寂주의나 수동적 태도에 빠져서는 안 된다. 우리의 쇄신에 우리가 기여할 수 있는 것이라고는 쇄신의 필요성 외에 별로 없을지도 모른다. 그러나 회개하고 그리스도께로 돌아가는 일은 제자로서 온전히 우리가 져야 할 책임이다. 그 일환으로 세상에서 우리의 소명에 최대한 충실하려는 다짐과 발전된 현대 세계를 다시 복음화하려는 헌신이 필요하다. 시대가 밝든 어둡든, 우리는 진실하게 그분을 신뢰해야 한다. 활동하시는 하나님이 눈앞에 밝히 보이든 아니면 그분이 오래 지체하며 부재하시는 듯 보이든, 우리의 본분을 다해야 한다. 우리의 문화적 위상이 다시금 칭송받든 아니면 멸시받고 무시당하든, 우리의 소명에 충실해야 한다.

늘 그렇듯이 충실성이 전부이며 상황은 관계없다. 그러므로 우리의 충실성은 깨어 있고 활기차며 적극적인 기다림으로 나타나야 한다. 주님께 충성된 사람들은 어디서나 하나님을 신뢰하며 예수 앞에서 소명대로 살아간다. 소명이 자신을 세상의 어디로 이끌든 거기서 소명을 다한다. 이것이 충실성의 소명이요, 변화를 낳는 능동적 참여의 소명이다. 우리 시대의 새로운 기독교 르네상스에 그것이 활짝 피어나기를 기도한다.

세상을 변화시키는 일에 대한 근래의 담론은 다분히 "그렇다. 우리는 할 수 있다"고 말하는 쪽과 "아니다. 너희는 할 수 없다"고 말하는 쪽의 충돌처럼 들린다. 적어도 이 문제에는 정답이 있다. "그렇다. 하나님이 능히 하실 수 있기에 우리도 할 수 있다." 우리는 이 정답을 선포할 뿐 아니라 그대로 살아야 한다. 그분은 과거에도 그렇게 하셨고, 지금도 세상의 다른 곳들에서 하고 계시며, 발전된 현대 세계에서도 능히 또 하실 수 있다. 하나님은 하나님이시며 인간사에 대한 최종 권위가 그분의 말씀에 있기 때문이다.

분명히 알아야 하겠는데, 쇄신의 가능성에 대한 우리의 소망은 근거가 확실하다. 그 근거는 우리 자신도 아니고 이전에 이런 일이 있었다는 사실 곧 역사도 아니라, 예수께서 부활하셨다는 진리로 예증된 하나님의 능력이다. 죽음 앞에서 삶의 의미를 고민하기 시작한 이래로 인류는 "이 뼈들이 능히 살 수 있겠느냐"라든가 "장정이라도 죽으면 어찌 다시 살리이까"라는 질문을 다양한 표현으로 제기했다. 예컨대 소포클레스^{Sophocles}는 『안티고네』^{Antigone}에 인류를 크게 예찬하면서, 인간은 "상상을 초월할 정도로 똑똑한" 존재이나 "죽음을 피할 길만은 찾아내지 못한다"고 말했다.[1] 우리는 자연과 서로를 정복할 수 있고 때로 자신마저 정복할 수 있으나 죽음만은 정복할 수 없다.

그런데 예수께서는 죽음을 정복하셨다. 칠흑같이 어두운 한밤중의 번개처럼 그분의 부활은 사망이 사망한 날로서 인류의 풍경을 번쩍이며 가른다. 시인 존 던이 이에 대한 인간의 반응을 잘 표현했다. "죽음이여, 오만하지 말라." 부활하신 예수는 지금도 생명의 주이시다. 예수의 부활이라는 더 큰 승리에 비하면 기독교의 쇄신이라는 더 작은 도전은 차라리 시시해 보인다.

우리 그리스도인은 연약한 그릇인 인간이며, 그래서 자신을 의지하지 않는다. 상황이 아무리 답답하고 절절해도 상황은 결코 우리에게 결정적 요인이 못 된다. 예수께서는 오늘 우리가 겪는 것보다 훨씬 큰 환난—임박한 전쟁, 전쟁의 소문, 박해, 재난과 고통—이 장차 닥쳐올 것을 예고하셨다. 그때는 사람들이 두려워 혼절할 것이다. 그런데 그분의 입에서 나온 이 무시무시한 예언은 사실 소망을 품도록 촉구하시는 말씀이었다. "일어나 머리를 들라. 너희 속량이 가까웠느니라." 눅 21:28

요컨대 하나님이 능히 하실 수 있기에 당연히 우리도 할 수 있다. 그러므로 지금은 세상에 동조하지 않는다고 괴롭힘을 당할까봐 두려워 고개를 떨구거나 우리의 등불을 말 아래 감출 때가 아니다. 우리는 두려워해서는 안 된다. 위를 보아야 한다. 그분이 하실 수 있기에 우리도 할 수 있다는 사실에서 힘을 얻어야 한다. 하지만 이 일에 어떤 생각으로 어떻게 착수할 것인가? 위대한 종교개혁자 마르틴 루터도 칼 바르트 Karl Barth처럼, 칠흑 같은 어둠 속에서 중세의 성당 종루의 가파른 나선 계단을 오른 사람으로 묘사될 수 있다. 그는 미끄러지지 않으려고 어둠 속에서 손을 내밀어 계단의 밧줄을 더듬었다. 손에 밧줄이 닿자 몸의 균형을 유지하려고 그것을 꼭 잡고 잡아당겼다. 그러자 위에서 종소리가 울려 근처의 시골 사람들을 다 깨웠다. 계단의 밧줄을 찾으려다 종루의 밧줄을 잡았던 것이다.

다시 말해 당시의 종교개혁은 기독교 지도자들이 수첩을 들고 회의 탁자에 둘러앉아 "사명"부터 "측정 가능한 결과"까지 비전을 늘어놓을 때 찾아온 것이 아니다. 오늘날 우리에게 절실히 필요한 개혁도 마찬가지다. 개혁은 천사와 씨름한 야곱처럼 하나님의 사람들이 그분과 씨름할 때 찾아온다. 우리는 하나님, 우리의 양심, 시대, 현 상태의 교회와 씨름해야 한다. 그러면 결국 그 치열한 씨름 중에 하나님을 결정적으로 강렬하게 체험하게 되고, 거기서 비롯한 결과가 훗날 또 하나의 개혁으로 불릴지도 모른다. "당신이 내게 축복하지 아니하면 가게 하지 아니하겠나이다."^{창 32:26}

"영광을 우리에게 돌리지 마옵소서"

그렇게 답해도 가장 큰 첫 질문은 여전히 남아 있다. 하나님은 서구 교회를 다시 쇄신하고 소생시키실 것인가? 또한 이를 통해 새로운 서구 세계를 이루어 온 세상에 복이 되게 하실 것인가? 이는 오늘날 뜨거운 논쟁을 불러일으킬 주제이지만, 역사의 교훈과 세상 최고의 일부 사상가들의 관측은 한 가지 결론으로 수렴된다. 즉 쇄신이 없다면 서구 교회뿐 아니라 서구 세계 전체의 미래가 불투명할 것이다.

역시 크리스토퍼 도슨이 가장 명쾌한 예언자다. 그가 예시

하듯이 과거를 가장 똑똑히 보는 사람이 대개 미래도 가장 잘
볼 수 있다.

어떤 문명이든 종교적 기초를 잃고 순전히 물질적 성공에 만족한
다면, 가장 훌륭한 지성들을 영적으로 소외시키는 대가를 치를 수
밖에 없다. 이제야 우리가 조금 깨닫고 있지만 사회의 생명력은
종교와 아주 밀접하고 뿌리 깊게 맞물려 있다. 사회나 문화를 연
합시키는 응집력은 종교적 동력에서 나온다. 세상의 위대한 문명
이 일종의 문화적 부산물로 위대한 종교를 만들어 내는 게 아니
다. 지극히 현실적인 의미에서 위대한 종교는 위대한 문명을 떠받
치는 기초다. 종교를 잃은 사회는 머잖아 문화도 잃는다.[2]

지금까지 현대의 사상가들만 언급하기보다 제2차 세계대
전 직후의 담론을 수시로 거듭 끌어들였는데, 그 담론에 기여
한 사람들 중 더러는 긍정적 결과를 썩 확신하지 못했다. 스위
스의 신학자 에밀 브루너는 "때로 이미 너무 늦었다는 생각도
든다"는 말로 기포드 강연의 서두를 열어 자신의 회의를 공공
연히 표출했다.[3] 그러나 저명한 역사가인 도슨은 그렇게 주춤
거리지 않았다. 그는 우리의 의문을 정확히 제기한 뒤에 명백
히 긍정으로 답했다. 다만 그 과정에서 그는 우리가 내놓아야
할 답의 중요성 못지않게 문제의 심각성도 강조했다.

두 번째로 냉랭해진 세상에 이 기적이 재현될 수 있을까? 우리의 문명은 이교 로마보다 무한히 더 풍부하고 강하지만, 똑같이 방향 감각을 상실하여 사회적 퇴보와 영적 해체의 위험에 직면해 있는 것 같다. 이 어두운 문명에 생명의 말씀이 한 번 더 빛을 비출 수 있을까? 분명히 그리스도인들은 긍정으로 답해야 한다. 하지만 그렇다고 인류의 온 미래가 걸려 있는 이 문제 앞에서 간단한 즉답을 찾으려 해서는 안 된다.[4]

이 간략하지만 중요한 대화를 마무리하면서 우리는 "인류의 온 미래가 걸려 있는 이 문제"라는 말 앞에 잠시 멈추어야 한다. 이 책의 도입은 20세기의 한 전투였고, 종결은 기독교 신앙의 소생 가능성이다. 이미 결론이 나왔듯이 전자는 기독교 문명의 생존에 결정적 요인이 되었고, 후자는 인류의 생존에 결정적 요인이 될 것이다. 그 후자가 얼마나 긴박하고 중요하고 위험성이 큰 일인지 결코 놓쳐서는 안 된다. 지금 우리는 세상에 닥쳐올 위기의 세대에 들어서고 있다. 세계화 시대는 인류에게 사상 유례없는 문제들을 제기하고 있으며, 그 문제들은 인류와 지구의 미래 자체를 의문에 빠뜨릴 것이다. 그리스도인들이 수 세기 동안 알았던 그 세상은 다분히 사라졌고, 내일의 세상이 어떻게 될지는 우리가 알지 못하며 볼 수도 없다.

그러나 하나님을 알고 신뢰하는 사람들은 두려워할 필요가 없다. 발전된 현대 세계에서 신앙의 온전함과 효율성을 회복하는 일은 생각만 해도 아찔하고 엄두가 나지 않는 일대 과업이다. 그러나 하나님은 만유보다 크시므로 어떤 상황에서든 그분을 신뢰할 수 있다. 이제 우리는 하나님을 신뢰하고 바깥으로 나가 기쁜 소식을 전하고 삶으로 보여주어야 한다. 그분의 부르심에 따라 삶의 모든 영역에서 우리의 소명을 실천해야 한다. 그러고 나서 결과는 그분께 맡겨야 한다.

복음의 능력으로 세상에 참여하는 일은 결코 헛수고가 아니다. 진리 가운데 살아가면 반드시 불가항력의 결과와 변화가 따르게 되어 있다. 우리의 이런 능동적 순종 덕분에 놀라운 영적 르네상스가 이루어질까, 아니면 지상 교회의 다음 세대는 새로운 암흑기를 충실하게 견뎌 내야 할까? 그것도 아니라면 그 중간 어디쯤에 해당하는 시기를 지나게 될까?

역시 "오 주여, 주께서 아시나이다."

우리는 하나님의 응답을 기다린다. 그러나 기다리면서 노력한다. 시대는 어두울 수 있으나 하나님께는 어둠이 없다. 미래가 어떻게 펼쳐지든 우리는 주님과 함께 빛 가운데 행한다. 그러므로 예수를 따르는 우리는 용기와 믿음으로 이 시대의 새로운 르네상스를 위해 노력해야 한다. 두려움과 기우와 낙심과 향수는 설 자리가 없다. 대신 우리는 위를 보며 믿음으로 행한다. "무수한 꽃이 피어나게 하소서!"라고 기도하고 그대로 살아간다. 요즘 유행하는 유산 운운에 전혀 신경 쓰지 않으며, 다만 우리가 수고한 결과를 하나님께와 역사에 남길 뿐이다.

또한 늘 그렇듯이 영광은 우리의 몫이 아니다. "여호와여, 영광을 우리에게 돌리지 마옵소서. 우리에게 돌리지 마옵소서. 오직……주의 이름에만 영광을 돌리소서."^{시 115:1}

"하나님이여, 우리를 돌이키시고 주의 얼굴빛을 비추사 우리가 구원을 얻게 하소서."^{시 80:3, 7, 19} 오 생명과 능력의 하나님, 주의 말씀으로 우주가 생겨났고 주의 능력 앞에 죽음도 예수님을 잡아 둘 수 없었습니다. 죽음을 이기시고 병을 고치시며 쇠퇴를 되돌리시고 부패를 개혁하시는 주님을 경배합니다. 우리 기도를 들어 주소서. 우리의 초라한 모습을 불쌍히 여겨 주소서. 우리의 선택의 결과에 우리를 내버려 두지 마시고 주의 은혜로 죄를 용서하여 주소서. 무력한 우리에게 다시 임하여 주소서. 우리의 세상에 진리와 정의와 자유와 평화의 새로운 봄날이 오게 하소서. 오 주님, 우리를 위해서가 아니라 온 땅에 비할 데 없는 주의 이름의 명예와 영광을 위하여 그리하소서. 예수님의 이름으로 기도합니다. 아멘.

Questions

❶ 당신의 삶과 교회의 삶에서 소생(부흥)을 구하는 기도는 어떤 역할을 하고 있는가?

❷ 다윗 왕의 부하들 중에는 "시세를 알고 이스라엘이 마땅히 행할 것을 아는" 사람들이 있었다(대상 12:32). 이 책의 논지에 동의하든 그렇지 않든 관계없이, 당신이 보는 대로 "시세"(시대의 표적)의 윤곽을 개괄해 보라. 또 그것은 역사의 이 시점에서 당신이 신앙을 이해하는 데 어떤 의미가 있는가?

❸ 당신의 영향권 내에서 당신의 은사와 소명이 우리 시대의 영적·문화적 르네상스 전반에 어떻게 기여할 수 있겠는지 생각해 보라. 가장 가까운 그리스도인 친구들과 함께 토의해 보라.

복음주의 선언 소개

복음주의 선언^{Evangelical Manifesto}은 복음적 원리와 사명이 기독교 신앙에서 지니는 근본적 중요성을 모든 그리스도인들과 특히 복음주의 운동 또는 복음주의에 속한 사람들에게 재천명하기 위해 2008년 5월 워싱턴 DC에서 발표되었다.[1] 나를 포함하여 이 선언을 작성하고 서명한 사람들은 대부분 미국의 복음주의자였으나, 읽어 보면 누구나 알듯이 이 선언의 중요성은 일개 국가나 시대를 훌쩍 뛰어넘는다.

오늘날 복음적 원리와 사명에 관심이 있는 사람이라면 누구나 하나의 큰 아이러니 앞에 봉착해 있다. 한편으로 **복음주의자**나 **복음적**이라는 말은 요즈음에는 대체로 비웃음을 사거나 무시된다. 문화적·정치적 때가 잔뜩 끼었기 때문이다. 오죽하면 아예 이 용어와 운동을 버리는 사람들도 많이 있다. 그래서 일부 아래와 같은 우려가 확산되어 이 선언의 배경으로 작용했다. 즉 "복음주의자"와 "복음적"이라는 말은 너무 중요해서 문화적·정치적 호칭과 혼동되도록 방치될 수 없으며, 따라서 그런 잘못된 인상을 불식시킬 명문화된 진술이 필요했다.

다른 한편으로, 기독교 신앙의 다른 전통들에 속한 많은 사람들 사이에서 자신이 이해하는 신앙에 복음적 원리를 재도입해야 한다는 인식이 점점 재고되고 있다. 따라서 그 중요성이 불가피해짐에 따라 "복음적 가톨릭 교회", "복음적 정교회" 등에 대한 말이 나오고 있다.

이런 아이러니의 교훈은 명백하다. 복음적 원리와 사명은 기독교 신앙의 골자인 만큼 결코 버려져서는 안 된다. 그것은 C. S. 루이스가 리처드 백스터$^{Richard\ Baxter}$를 따라 "순전한 기독교"라 부른 "명백한 핵심적 기독교"의 일부다.[2] 그런데 이것은 본질상 신학 용어이므로 순전히 인간적인 운동과 혼동되어서는 안 되며, 덧없는 한 세대의 정치적·문화적 때가 잔뜩 끼게 해서는 더더욱 안 된다.

그러므로 복음주의 선언은 "복음적" 기초의 영적·신학적 중요성을 재천명한다. 아울러 제대로만 이해한다면 그것이 불변의 원리와 사명이므로, 이로써 예수의 기쁜 소식을 이해하고 표현하며, 기독교 신앙을 실천하고, 세속화되고 부패한 교회를 개혁할 수 있음을 역설한다. 의미심장하게도 **개신교도**('항의하는 사람'이라는 뜻—옮긴이)^{Protestant}라는 말은 반종교개혁(종교개혁에 대항하여 일어난 가톨릭의 개혁 운동—옮긴이) 쪽에서 나쁜 뜻으로 지어낸 용어다. 사실 16세기의 종교개혁자들은

"개신교도"로 불리기 전에 "복음주의자"로 불렸다. 그들은 복음주의자로서 자신들이 어디로 돌아가려 하는지 천명했다. 1536년에 제네바 시의 총회가 베른 시처럼 종교개혁에 합류하기로 결정할 때 표결한 것이 "복음대로 살자"는 것이었다. 일찍이 아시시의 프란체스코도 일상생활을 예수의 방식에 더 가깝게 살기로 결단한 뒤로 당대의 사람들에게 "복음적"이라는 칭송을 들었다. 그보다 더 일찍 선지자 이사야도 "복음적 선지자"라는 정당한 평가를 받았다.

다시 말해 역사 속으로 더 깊이 들어갈수록 다른 명칭들로는 덜 충분해진다. 그런 명칭들은 어느 한 시대의 산물로 등장했으며, 예수 자신에게까지 거슬러 올라가지 않는다. 역사가 개신교 이전부터 있었다는 가톨릭의 말은 옳다. 개신교란 어차피 시대의 제약을 받는 용어다. 그러나 역사는 가톨릭과 정교회 이전에도 있었으며, 그 두 명칭 또한 예수의 권위와 기준에까지 거슬러 올라가지 않는다. 요컨대 기원을 종교개혁으로 보든 18세기의 제1차 대각성 운동으로 보든 복음주의 운동 자체는 비교적 근래에 나왔으며, 지금 이 운동은 여러 모로 핵심 원리를 잃을 위험에 처해 있다. 그런데 그 핵심 원리는 복음 자체와 동의어다. 그러므로 제대로만 이해한다면 복음적 원리와 사명을 대체할 것은 아무것도 없다. 앞으로도 영영 대체되지 않을 것이고 대체될 수도 없다. 그것은 울창한 신앙의 거목에 들러붙은 기생목이 아니라 그 거목의 줄기와 수액 자체다.

이 땅에 예수를 따르는 사람들이 존재하는 한 다음의 진리를 분명히 이해하는 사람들도 늘 있을 것이다. 각 세대를 규정짓는 이슈가 무엇이든 간에 기독교 신앙과 기독교적 사고와 기독교적 생활방식을 정의할 때, 예수 자신이 내놓으신 최고의 기준보다 더 권위적인 정의는 없다. 거기에는 그분이 선포하고 가르치고 예시하고 진척시키신 하나님 나라의 기쁜 소식, 그분이 지지하신 성경의 절대적 권위, 그분이 보내신 성령의 능력이 두루 포함된다. 그 외에는 무오한 권위가 없다. 모든 권위는 말씀과 성령의 절대적 최종 권위에 복종해야 한다. 다름 아닌 말씀 전체와 성령의 권위다.

성 아타나시우스와 성 아우구스티누스는 종교개혁이 있기 1천 년도 더 전에 살았지만, 이미 기독교 시대 전체를 재창조와 개혁의 시대로 보았다. "그렇다면 하나님이 하셔야 할 일은 무엇이었는가?" 아타나시우스는 죄에 대한 하나님의 반응이 다름 아닌 "재창조"라고 썼다. "하나님이신 그분이 하실 수 있는 일이 인류 안에 있는 자신의 형상을 새롭게 하시는 일 말고 또 무엇이겠는가?"[3] 아우구스티누스는 기독교 시대란 "우리가 하나님의 형상으로 빚어지는" 시대라고 썼다.[4] 이들의 요지는 "지속적 개혁"의 원리와 아주 비슷하다. 다만 실제적인 면에서 종교개혁의 원리가 부정적인 면—교회는 반복되는 여러 가지 굴레로부터 해방되어야 한다—에 집중하는 경향이 있다면, 아타나시우스와 아우구스티누스는 긍정적인 면—우리는 첫 창조 때처럼 예수 자신을 닮은 모습으로 변화되어 간다—에 강조점을 두었다.

그러나 어느 경우든 그 도전은 예수 자신에게까지 거슬러 올라간다. 각자의 전통이 무엇이든 우리는 다 개인이면서 동시에 전 세계 교회의 일원이다. 예수를 따르는 우리의 목표는 존재와 사고와 행동에서 점점 더 예수를 닮은 모습으로 성장하고 빚어지는 것이다. 삶이 예수의 방식에 점점 더 가까워지는 것이다. 그렇게 되면 다른 사람들도 이 모험에 동참하도록 우리가 거리낌 없이 그들을 초대할 수 있다. 그 길에 우리 각자의 자유와 섬김의 삶이 있고, 그 길에 인류의 소망인 개혁과 회복과 쇄신이 있다. 오늘날 "복음적 가톨릭 교회"와 "복음적 정교회"를 향한 적절하고 납득할 만한 부르심이 있을진대, "복음적 복음주의"를 향한 부르심도 그 못지않게 긴박하다. 예수를 따르는 모든 사람들이 참으로 온전히 복음적이 될 때에만 우리는 함께 그분의 위대한 부르심에 합당해질 것이다.

복음주의 선언

복음주의 정체성과 공적 헌신에 대한 선언

우리가 살고 있는 역사의 이 시점을 그리고 지상의 동료 인간과 세계의 동료 그리스도인 앞에 닥친 중대한 도전들을 예리하게 인식하는 가운데, 우리는 기독교 신앙에서 세계 최대이자 가장 빠르게 성장하는 운동 중 하나인 복음주의의 미국 지도자와 일원들로서 이 선언에 서명한다.

복음주의에는 최고 지도자나 공식 대변인이 없으므로 아무도 복음주의자 전원과 특히 자칭 복음주의자를 대변하지 않는다. 이 선언은 미국의 복음주의를 대표하는 우리 자신의 입장이다. 우리가 감사하게 인식하고 있듯이 우리의 영적 뿌리와 역사적 뿌리는 이 나라 바깥에 있고, 동료 복음주의자의 절대다수는 북반구가 아닌 남반구에 있으며, 근래에 라틴아메리카와 아프리카와 아시아에서 복음주의자들이 새롭게 유입되고 있다. 그러므로 우리는 훨씬 큰 세계적 운동의 작은 일부이며,

이 운동은 앞을 내다봄과 동시에 밖으로 뻗어 나가고 있다. 그들과 더불어 우리는 오늘의 세계에서 신앙에 충실하고 소명에 사려 깊게 임하기로 헌신했다.

이 선언의 취지는 두 가지다. 첫째, 오늘의 미국과 대부분의 서구 세계에서 **복음주의**라는 용어에 수반되는 혼란과 와전을 정리하는 것이다. 둘째, 공적 생활에서 복음주의자들로 하여금 반감이 들게 하는 이슈들에 대해 우리의 입장을 명확히 밝히는 것이다.

"좁은 길"을 따르는 우리는 대중에게 존중받고 인정받는 데 관심이 없다. 피해자 행세를 하거나 차별에 항의하는 일도 우리가 보기에 온당하거나 충실하지 못하다. 더욱이 우리는 세상 도처의 동료 신자들처럼 박해에 직면해 있지도 않다. 미국의 복음주의자들에게 닥친 문제라면 우리가 자초한 경우가 너무 많다. 항의한다면 그 항의는 먼저 우리 자신을 상대로 시작되어야 한다.

그보다 우려되는 사실은 복음주의라는 용어를 둘러싼 혼란과 왜곡이 깊을 대로 깊어져 그 고유의 의미가 흐려지고 중요성이 상실되었다는 것이다. 이 운동 바깥의 많은 사람들이 복음주의가 과연 긍정적인 말인지 의심하고 있고, 내부에도 이 용어가 더 이상 유익한 목적에 부합하는지 의문을 품는 사람들이 많다.

이런 의혹에 맞서 담대히 고백하거니와, 우리는 이제부터 밝히려는 본래 의미의 복음주의를 부끄러워하지 않는다. 이 용어가 중요하다고 믿는 것은 거기에 담긴 진리가 더할 나위 없이 중요하기 때문이다. 복음주의와 복음주의자를 제대로 이해하면 교회뿐 아니라 세상 전체에도 유익이 된다. 특히 지역 사회에서 가난하거나 취약하거나 목소리를 낼 수 없는 많은 사람들의 곤경에 유익이 된다.

우리의 입장과 그것이 중요한 이유

이 선언은 동료 신자들뿐 아니라 세상 전체를 향한 공적 선언이다. 우리의 정체성과 공적 입장을 고백하는 일이 중요함은 모든 종교와 이념의 사람들처럼 미국의 복음주의도 세계화 시대의 가장 큰 도전 중 하나에 직면해 있기 때문이다. 그것은 바로 가장 깊은 견해 차이를 안고 살아가는 일이다. 이 도전이 특히 까다로워질 때는 그런 종교적·이념적 차이가 환원 불가능의 근본적 차이일 때 그리고 개인적 세계관의 차이만이 아니라 동일한 사회에 공존하는 생활방식 전체의 차이일 때다.

인간의 삶에서 종교가 차지하는 자리는 지극히 당연한 것이다. 인간은 의미와 소속을 추구하고 세상의 이치와 안전한 삶을 찾으려 하므로 이 추구보다 더 자연스럽고 필연적인 것은 없다. 이 추구에 양심의 자유라는 권리가 수반되면 저마다 다양한 신앙과 생활방식을 자유로이 선택하게 된다. 그중에는 종교적이고 초월적인 것도 있고 세속적이고 자연주의적인 것도 있다.

그러나 상이한 종교와 종파들이 삶에 대해 내놓는 답은 서로 크게 다르며, 이 차이는 개인에게만 아니라 사회와 전체 문명에도 결정적 역할을 한다. 그러므로 가장 깊은 견해 차이를 안고 살아갈 줄 안다는 것은 개인과 국가에 공히 매우 중요하다. 우리의 공적 생활에서 그것이 어떤 의미인지에 대한 토론과 숙고와 결정은 중대하고도 불가피한 일이다. 독재적 강압이나 니체가 말한 종교 전쟁의 참변 등 다른 대안은 생각할 수 없다.

우리는 나사렛 예수가 곧 "길이요 진리요 생명"임을 믿으며,[요 14:6] 또한 그분을 따르는 이들에게 요구되는 큰 변화에는 철저히 새로운 인생관뿐 아니라 결정적으로 다른 생활방식, 사고방식, 행동양식이 수반됨을 믿는다.

우리의 취지는 동료 시민들과 동료 신자들 앞에 명백한 진술을 내놓는 것이다. 각자의 시각에 따라 그들은 우리의 친구, 방관자, 회의론자, 적 등일 수 있다. 우리가 말하는 **복음주의**란 어떤 의미인가? 공적 생활에서 동료 시민들과 더불어 그리고 오늘의 세계에서 동료 인간들과 더불어 살아가는 우리의 삶에 복음주의자라는 신분은 어떤 의미인가? 지금부터 그것을 밝히고자 한다. 우리는 복음주의자의 주된 사명을 세 가지로 본다.

❶ 우리의 정체성을 재천명해야 한다

첫 번째 과제는 우리가 누구인지를 재천명하는 일이다. **복음주의자는 자신과 자신의 신앙과 삶을 나사렛 예수의 기쁜 소식에 근거하여 규정하는 그리스도인이다**(복음주의라는 말의 그리스어 어원은 복음 곧 기쁜 소식이다). 예수의 복음이 온 세상을 위한 하나님의 기쁜 소식임을 믿기에 우리도 사도 바울처럼 예수 그리스도의 "복음을 부끄러워하지 아니하노니 이 복음은……구원을 주시는 하나님의 능력이 됨이라"고 고백한다.롬 1:16 오늘날 만연해 있는 오해와 달리 우리 복음주의자는 신학적으로 규정되어야 하며 정치적·사회적·문화적으로 규정되어서는 안 된다.

이런 고백의 배후에는 정체성이 개인 못지않게 단체에게도 강력하고 소중하다는 인식이 깔려 있다. 진보적 관점의 전형적 자유도 정체성을 중심으로 이루어진다. 정체성을 이용한 정략은 매우 위험하다. 따라서 우리는 우리가 누구인지를 말할 권리가 학계나 언론이나 여론에 있지 않고 우리 자신에게 있음을 강조한다. 우리의 정체성은 어느 누구도 아닌 우리가 말하는 대로다. 우리의 "본심"과 "의도"의 관점에서 우리를 설명하려는 모든 시도를 우리는 거부한다.

이렇게 정의되고 이해되는 복음주의는 역사 속에서 기독교 교회 내에 출현한 훌륭한 전통들 중 하나다. 우리는 다른 주요 전통들의 핵심 원리를 십분 존중하며, 공통 관심사인 많은 윤리적·사회적 이슈에서 그들과 조화를 이루어 협력한다. 그들처럼 우리도 "바른 믿음과 바른 예배"에 있는 우선순위, 시대와 대륙과 문화를 초월하는 기독교 교회의 "보편성", 삼위일체와 기독론처럼 초대 교회가 합의한 기독교의 핵심 교리 등에 전심으로 헌신되어 있다. 하지만 그러면서도 우리는 다른 전통들과 중요하게 구별되는 복음주의의 신조를 고수한다. 이런 차이점을 고백하는 이유는, 우리가 보기에 그것이 성경적 진리이기 때문이다. 이 진리는 개신교의 종교개혁을 통해 회복되었고, 이후의 많은 부흥과 쇄신 운동을 통해 지켜졌으며, 하나님을 아는 확실한 구원의 지식에 반드시 필요하다. 요컨대 이런 소신은 예수의 기쁜 소식에 충실한 것이다.

그러므로 복음주의자는 예수 그리스도를 따르는 사람이고, 2천 년 동안 이어져 내려온 고전적이고 역사적인 의미에서 지극히 평범한 그리스도인이다. 복음주의자는 예수께서 사시고 가르치신 대로 생각하고 행동하고 살기로 헌신되어 있으며, 세상을 위한 기쁜 소식과 진리를 누가 보기에도 제자답게 구현하려 한다. 우리 복음주의자에게 가장 중요한 것은 치체스터의 리처드 Richard of Chichester의 표현이자 성경의 가르침대로 "그분을 더 똑똑히 보고 더 극진히 사랑하며 더 가까이 따르려는" 열망과 헌신이다.

우리의 신앙과 삶을 예수의 기쁜 소식으로 규정한다는 이 복음주의의 원리를 우리는 우리만의 것으로 주장하지 않는다. 우리의 취지는 공격하거나 배제하는 것이 아니라, 환기하고 재천명하여 결국에는 결집하고 개혁하는 것이다. 우리가 믿기로 이 원리는 예수의 방식을 따르려는 사람이라면 누구에게나 결정적 사명이요 최고의 목표다.

아울러 공적 생활에서 우리는 대개 처음부터 **복음주의자**라는 이름을 쓰지 않는다. 우리는 그리스도인, 예수를 따르는 사람, "순전한 기독교"의 추종자다. 다만 신앙을 보는 우리의 관점과 실천방식의 핵심에 복음주의의 원리가 있다.

이것은 말로는 쉬워도 실제로 그렇게 살기는 만만치 않다. 복음주의자가 되어 우리의 신앙과 삶을 성경이 가르치는 예수의 기쁜 소식으로 규정하려면, 예수의 주되심에 그리고 그분이 제자들에게 요구하시는 진리와 생활방식에 우리의 삶을 완전히 바쳐야 한다. 그래야 그분을 닮아 가고, 그분이 가르치신 대로 살며, 그분이 믿으신 대로 믿을 수 있다. 지난 세월 이 비전을 추구하면서 복음주의자들이 무엇보다 소중하게 여긴 일

정한 신조가 있다. 우리가 보기에 이는 예수의 메시지의 핵심
이며 따라서 우리에게도 기초가 된다. 그중 특히 일곱 가지를
살펴보면 다음과 같다.

첫째, 우리는 예수 그리스도가 온전한 하나님이시며 또한
온전한 인간이 되셨다고 믿는다. 하나님의 존재와 속성과 목
적 자체가 예수를 통해 독특하고 확실하고 충분하게 계시되었
다. 그분 외에는 다른 신이 없으며, 그분 외에는 사람이 구원
을 받을 만한 다른 이름도 없다.

둘째, 우리는 예수 그리스도께서 십자가에서 이루신 일과
부활하신 삶을 통해 지금 행하고 계신 일만이 우리가 하나님
께 받아들여지는 유일한 근거임을 믿는다. 그분은 인간의 죄
와 불법을 드러내 그 방향을 되돌리셨고, 우리 죄의 형벌을 대
신 당하셨고, 자신의 의를 우리에게 전가하셨고, 악의 세력으
로부터 우리를 구속하셨고, 우리를 하나님과 화목하게 하셨
고, "위에서" 나는 자신의 생명으로 우리에게 능력을 입혀 주
신다. 그러므로 우리의 구원에 우리의 공로는 전혀 없다. 그리
스도의 의를 전가받은 우리는 오직 믿음으로 말미암아 은혜로
그분의 구속을 받아들일 뿐이다.

셋째, 우리는 영적 중생을 통해 초자연적으로 주어지는 새
생명이 선물일 뿐 아니라 반드시 필요한 것임을 믿는다. 거기
서 비롯되는 평생의 회심만이 우리의 성품과 생활방식이 근본

적으로 변화되는 유일한 길이다. 따라서 이 세상에서 그리스도인으로서 충실하고 도덕적으로 온전하게 살아가려면, 이를 위한 충족한 능력은 오직 그리스도의 부활의 능력과 성령의 능력에만 있다.

넷째, 우리는 성경이 우리의 신앙과 실천의 최종 기준임을 믿는다. 예수께서 친히 성경 곧 하나님의 감동으로 된 말씀의 절대적 충실성과 지고한 권위를 가르치시고 그렇게 대하셨기 때문이다.

다섯째, 우리는 예수의 제자란 이 땅에 목숨이 붙어 있는 매 순간 삶의 모든 영역—성과 속, 공과 사, 말과 행동—에서 그분을 주님으로 섬겨야 하고, 그분이 그러셨던 것처럼 잃은 영혼들에게는 물론이고 가난하고 병들고 굶주리고 압제당하고 사회적으로 멸시받는 사람들에게 늘 다가가야 하며, 창조 세계와 모든 피조물의 충실한 청지기가 되어야 한다고 믿는다.

여섯째, 우리는 예수께서 친히 다시 오신다는 복된 소망이 우리가 하고 있는 일에 힘과 알맹이를 부여한다고 믿는다. 반대로 우리가 하고 있는 일은 장차 우리가 갈 곳에 대한 희망의 징표가 된다. 양쪽이 협력하여 역사를 완성시키고, 하나님의 능력으로만 임하는 영원한 나라를 실현한다.

일곱째, 우리는 예수를 따르는 모든 사람이 부르심에 충실하여 예배를 통해 그리스도를 알고 사랑하고, 교제를 통해 그리스도의 가족을 사랑하며, 제자도를 통해 그리스도를 닮아 가야 한다고 믿는다. 또한 그리스도의 이름으로 다른 사람들의 필요를 채워 줌으로써 그분을 섬기고, 아직 그분을 모르는 사람들에게 땅 끝과 종말의 날까지 그리스도를 전하여, 그들도 우리처럼 그분의 제자가 되어 그분의 방식대로 살도록 초대해야 한다고 믿는다.

동시에 우리는 우리의 삶이 그 고귀한 부르심에 거듭 부응하지 못하고 오히려 죄의 교리를 사실로 예증할 때가 많음을 인정한다. 인류의 "삐딱한 성질"과 온갖 죄와 실패와 위선이 우리 복음주의자에게도 똑같이 있다. 이는 하나님께나 우리를 알고 지켜보는 이들에게나 비밀이 아니다.

우리를 규정하는 특성

복음주의를 그렇게 정의하고 나면 거기서 몇 가지 함축된 의미가 따라 나온다.

첫째, 복음주의가 품는 신조는 동시에 주님을 향한 사랑이다. 복음주의자는 세계 교회의 여러 위대한 공의회의 역사적 신경信經들에 표현된 그리고 개신교 종교개혁의 위대한 고백에 표현된 기독교 신앙을 온전히 고수하며, 대대로 전수되어 내려온 그 신앙에 충실하려 애쓴다. 그러나 언제나 복음주의의 핵심은 진술된 신경, 소속된 기관, 가입된 운동 그 이상이다. 우리에게는 최고 지도자가 없으며 신경이나 전통도 결국 우리의 결정적 요인이 못 된다. 예수 그리스도와 그분의 기록된 말씀인 성경만이 우리의 궁극적 권위이며, 우리의 마땅한 반응은 전심을 다한 사랑과 신뢰와 순종이다.

둘째, 복음주의의 신앙과 주님을 향한 사랑은 그런 신경 못지않게 예배와 행위로 표현된다. 「나 같은 죄인 살리신」 ^Amazing Grace^과 같은 찬송가들의 대중화에서 보듯이, 우리의 위대한 신학자들 곁에 위대한 작사가들이 함께 있다. 종종 우리의 헌신은 공식 성명보다 베풀고 돌보는 삶을 통해 더 잘 드러난다. 우리의 정체성을 책이나 선언에도 담아낼 수 있지만 또한 빈민과 노숙인과 고아를 돌보는 일, 재소자를 찾아가는 일, 굶주린 사람과 재난의 피해자에게 베푸는 긍휼, 노예제도와 인신매매 같은 악에 시달리는 사람을 위한 정의의 투쟁 등에도 담아낼 수 있다.

셋째, 복음주의자가 예수를 따르는 방식은 특정한 교회에 국한되거나 한정된 운동에 갇히지 않는다. 우리는 주류 교단이나 독립 교회 할 것 없이 아주 다양한 교회와 교단의 일원이며, 복음주의에 헌신하면 연합의 중핵이 생겨나 폭넓은 다양성이 하나로 모아진다. 이것은 정보 시대의 네트워크 사회에서 어느 운동에나 아주 중요하지만, 복음주의는 계급이 없으며 늘 다양성과 융통성과 적응력을 갖춘 많은 형태를 취했다. 전 세계 복음주의의 다채로움과 생동감에서 보듯이, 이는 이전 어느 때보다도 오늘날 더욱 그렇다. 복음주의란 무엇보다 예수 그리스도께 헌신하여 다른 시대 다른 문화 속에서 그분의 부르심대로 힘써 제자의 삶을 사는 것이다.

넷째, 앞서 강조했듯이 복음주의는 신학적·고백적으로 규정되어야 하며 정치적·문화적으로 규정되어서는 안 된다. 복음주의는 다른 무엇보다 예수 그리스도의 인격과 사역과 가르침과 생활방식을 사랑하고 거기에 헌신하며, 이 땅의 모든 권세나 충성이나 충절의 대상보다 그분의 주되심에 끊임없이 헌신한다. 따라서 복음주의는 부족이나 국가의 울타리에 갇혀서는 안 된다. "보수"니 "진보"니 하는 정치적 범주나 "퇴행"이니 "발달"이니 하는 심리학적 범주로 전락하거나 그것과 혼동되어서도 안 된다.

다섯째, 본질상 "기쁜 소식"인 복음주의의 메시지는 무한히 긍정적이며, 부정적이기 이전에 언제나 긍정적이다. 물론 "부정의 위력"은 신학적·문화적으로 매우 중요하다. "모든 것이 허용되고" "금지가 금지되는" 이 시대에는 특히 더하다. 예수께서 그러셨듯이 복음주의자도 때로 거짓과 불의와 악을 강력히 비판해야 한다. 그러나 일차적으로 우리 복음주의자는 누군가나 뭔가를 대적하는 것이 아니라 그분을 **위하고** 뭔가를

위한다. 예수의 복음은 환영과 용서와 은혜의 기쁜 소식이다. 율법과 율법주의로부터 해방된다는 소식이다. 복음은 생명과 인간의 열망을 열렬히 긍정하고, 하나님의 형상대로 지어진 인간의 진정한 숙명에 어긋나는 부분만 강경히 부정한다.

여섯째, 개신교는 진보 수정주의와 보수 근본주의라는 양극단으로 치닫곤 하는데, 복음주의는 그 둘과 구별되어야 한다. 예수께서는 그리스도인을 "세상 안에 있되 세상에 속하지 않도록" 부르셨다. 그런데 특히 현대 사회에서 우리는 양극단으로 떠밀리곤 한다. 진보 진영은 세상에 너무 동화되어 시대의 사고방식과 생활방식을 닮다 못해 아예 그리스도께 불충실하는 성향을 보이는 반면, 보수 진영은 세상을 너무 거부하고 무조건 적대시하여 역시 그리스도께 불충실하는 성향을 보인다.

진보 수정주의의 성향은 18세기에 처음 등장하여 지금은 더 세를 불렸다. 그것이 절정에 달한 기독교 신앙의 버전들을 보면, 인간의 능력을 과대평가하고 악과 진리와 하나님에 대한 관점이 얄팍하고 미흡하며 부실하다는 약점을 특징으로 보인다. 결국 더 이상 기독교라 보기 힘들 때도 있다. 이것은 초라한 항복이다. 이런 "대안 복음들"은 아래와 같은 여러 심각한 상실 때문에 결국 자멸할 수밖에 없다.

첫째, 권위를 상실한다. "오직 성경으로"*sola Scriptura*가 "오직 문화로"*sola cultura*로 대체되기 때문이다.

둘째, 공동체와 연속성을 상실한다. "성도에게 단번에 주신 믿음"이 단지 한 집단과 한 시대의 믿음으로 둔갑하여 동서고금의 모든 신자들로부터 떨어져 나가기 때문이다.

셋째, 안정성을 상실한다. 딘 잉게^{Dean Inge}의 적절한 표현처럼 누구든지 "시대정신과 결혼하면 머잖아 홀아비가 되기" 때문이다.

넷째, 신빙성을 상실한다. 알고 보면 이 "새로운 신앙"은 회의론자들이 이미 믿고 있는 내용 그대로이기 때문이다. 확고부동한 기독교가 없어졌으니 구도자들이 검토하고 믿으려 해도 그럴 수 없다.

마지막으로, 정체성을 상실한다. 이렇게 수정된 신앙은 예수께 충실한 역사적 기독교 신앙과의 유사성을 점점 더 잃어가기 때문이다.

요컨대 아무리 진실한 취지로 시의성을 꾀한다 해도 진보수정주의를 극단적으로 옹호하는 사람들은 쇠렌 키에르케고르가 말한 "입 맞추는 유다들"—해석으로 예수를 배반하는 그리스도인들—이 될 위험이 있다.

근본주의의 성향은 더 근래에 나타났고 복음주의와 더 비슷하다. 어찌나 비슷한지 많은 사람들의 눈에 그 둘이 겹쳐져 보인다. 물론 신앙의 근본에 충실하려는 값진 소원을 품었던 옛사람들을 우리는 칭송한다. 그러나 근본주의는 기독교 신앙을 완전히 뒤덮고 본질상 현대 세계에 대한 현대식 반작용으로 빛나갔다. 현대 세계에 대한 반작용이다 보니, 과거와 이미 지나간 어떤 순간을 낭만화하고 현재를 극단화하는 경향이 있다. 반작용의 방식도 사적으로나 공적으로나 심히 호전적이어서 기독교라 보기 어려울 정도다.

많은 종교와 심지어 세속주의에도 기독교의 근본주의에 상응하는 노선이 있다. 기독교의 근본주의는 기독교적 정체를 내건 사회 운동이 될 때도 많지만 기독교적 내용과 품행은 심히 빈곤하다. 예컨대 복음주의자들도 그럴 수 있듯이 근본주의는 복음주의의 원리를 너무 쉽게 내버린다. 즉 이웃을 자신과 같이 사랑하라는 지상계명에 따르지 않기 일쑤이며, 예수의 제자라면 한없이 용서하고 원수까지도 사랑해야 한다는 그분의 급진적 요구에 대해서는 더 말할 것도 없다.

일곱째, 복음주의는 과거와 미래를 똑같이 바라본다는 점에서 구별된다. 본질상 복음주의는 예수와 성경에까지 직접 거슬러 올라간다. 이는 단지 역사적 뿌리의 문제가 아니라 마음의 헌신이고 열망과 사고의 흐름이며, 딱 한 번으로 그치는 것이 아니라 생활방식의 필수 원리이기에 계속 반복된다. 그러므로 복음주의자는 개인적으로 믿음이 깊고, 윤리적으로 거룩한 삶에 힘써 헌신하며, 철저히 자유의지에 따라 활동할 뿐 아니라, 또한 진리와 역사가 부끄럼 없이 빚어 낸 역동적 신앙을 실천한다.

그러나 복음주의는 무조건적인 보수주의와는 거리가 멀며 무턱대고 전통과 현 상태를 옹호하지도 않는다. 오히려 예수 그리스도께 지속적으로 헌신하기에 혁신과 쇄신과 개혁과 진취적 역동성이 수반된다. 모든 시대의 모든 것은 예수와 그분의 말씀에 비추어 평가되어야 하기 때문이다. 그러므로 복음주의의 원리는 자기성찰과 반성, 필요하다면 언제라도 기꺼이 고치고 변화하려는 의지를 요구한다. 동시에 복음주의는 오늘날 공허하게 부르짖는 "변화를 위한 변화"와도 거리가 멀다. 오히려 우리는 예수를 가리켜 보이는 성경을 최고의 권위로 인정하며, 따라서 모든 개혁re-form의 바탕이 되는 원형form을 보존할 필요성을 인식한다.

그러므로 우리는 이성과 신앙을 적이 아니라 동지로 여긴다. 머리와 가슴도 모순 관계가 아니고, 한편으로 온전한 충실성과 다른 한편으로 온전한 지성적 비판과 시대성도 서로 모순이 아니다. 그래서 복음주의는 개혁과 혁신을 통해 복고주의와 결별할 뿐 아니라, "새것일수록 진리"이고 "무조건 최신이 최고"라는 주의에 맞서 진리와 의와 선을 보존함으로써 현대의 진보주의와도 결별한다. 복음주의의 역설적 진실이 있으니, 곧 전진하는 가장 확실한 길은 언제나 먼저 후퇴하는 것이다. "돌이킴"이야말로 모든 진정한 소생과 개혁의 비결이다.

요컨대 복음주의는 개신교보다 시기적으로 더 이르고 더 영속적이다. 개신교 종교개혁의 핵심은 복음주의의 추구였고, 종교개혁에 기독교적 정당성을 부여한 것은 성경적 진리의 회복이었다. 일부 국가들에서는 여전히 복음주의가 개신교와 동의어다. 하지만 성경으로 돌아가려는 열망과 더불어 복음주의라는 용어는 분명히 역사적 형태의 개신교 프로젝트보다 선행하며 더 오래까지 남는다. "protest"라는 단어는 "대신 증언하다"pro-testantes라는 본래의 긍정적 의미를 갈수록 상실했고, "개신교"Protestant라는 용어는 점점 더 역사의 한 시대로 국한된다. 다른 명칭들은 오고 가지만, 예수의 기쁜 소식과 성경에 충실하려는 복음주의의 원리는 언제나 남는다.

❷ 우리 자신의 행동을 개혁해야 한다

우리의 두 번째 주요 관심사는 우리 자신의 행동의 개혁이다. 고백컨대 복음주의자로 불리려면 우리의 신앙과 삶을 예수의 길이라는 가르침과 기준에 따라 형성할 뿐 아니라 그 일을 늘 반복해야 한다. 그런데 복음주의의 동력은 급진적, 개혁적, 혁신적 힘인 데 반해 오늘 우리가 서글프게 고백하는 일대 아이러니가 있다. 그동안 우리는 진부한 형식의 쇄신, 죽은 교회의 소생, 냉랭한 마음의 회개, 부패한 관행과 이단적 신념의 개혁,

사회의 큰 불의의 혁신 등을 위해 수없이 싸웠다. 하지만 그런 우리가 지금 개혁과 쇄신이 절실히 필요한 상태에 놓여 있다. 개혁자인 우리 자신에게 개혁이 필요하고 개신교도("항의하는 사람")인 우리가 바로 항의의 대상이다.

이에 우리는 우리 복음주의자들이 아래와 같이 자신의 행동으로 신앙을 배반했음을 고백한다.

걸핏하면 우리는 예수의 복음을 외치면서 사실은 성경의 진리를 치유 기법으로, 예배를 오락으로, 제자도를 인간의 잠재력 개발로, 교회 성장을 기업식 확장으로, 교회와 지역교회에 대한 애정을 교회 없는 무기력한 영성의 신앙 표현으로, 진정한 필요를 채워 주는 일을 주관적 필요에 대한 영합으로, 선교 원리를 마케팅 수법으로 대체했다. 그 과정에서 우리는 상업적이고 희석되고 기분 좋은 복음으로 건강과 재물과 인간의 잠재력과 종교적 덕담이나 전하는 사람들로 알려졌다. 이는 하나같이 주변 세상의 일시적 유행과 구별되지 않는 것들이다.

걸핏하면 우리는 분명하고 고상하게 성경의 권위를 진술하면서 사실은 우리의 생활방식으로 그것을 욕되게 했다. 우리의 삶이 자신의 악한 취향과 현대의 편의와 유행을 통해 더 빚어졌기 때문이다.

걸핏하면 우리는 정통성을 자랑하면서 정작 교회를 성장시킬 때는 시대정신의 일시적 표출을 기독교적으로 각색한 가장 세속적인 방법과 기법을 동원했다.

걸핏하면 우리는 그리스도의 몸된 교회의 연합과 화합을 예시하지 못했고, 복음의 진리와 은혜를 표현하기보다 내분에 빠졌다. 그런 내분을 규정한 것은 역사의 사건들이고 더 악화시킨 것은 사랑 없는 진리다.

걸핏하면 우리는 강력한 영적 부흥과 개혁 운동들로 우리의 뿌리를 추적해 올라가지만 사실은 부지불식간에 무신론자일 때가 허다하고, 실제로는 세속주의자처럼 초자연적 세계와 단절된 채로 살아가며, 그리스도인의 삶을 사실상 하나님이 필요 없는 것처럼 영위할 때가 많다.

걸핏하면 우리는 낙태 등 다른 사람들의 악과 불의를 그리고 "다른 복음"으로 관점이 돌아선 신학적 자유주의의 이단과 배교를 공격하지만, 정작 우리 자신의 죄를 묵과하고, 우리 자신의 악을 못 본 체하며, 신앙에 어긋나게 물질주의와 소비지상주의 같은 세력에 예속되어 살았다.

걸핏하면 우리는 예수의 십자가와 같은 성경의 위대한 진리들에 집중하면서 그것을 창조 세계와 같은 성경의 다른 진리들에는 적용하지 못했다. 그 과정에서 우리 스스로 피폐해졌을 뿐 아니라, 우리가 지지해 온 문화는 대체로 이 땅을 향한 청지기 직분에 무관심하고 사회의 창조 무대와 예술을 도외시

한다.

걸핏하면 우리는 현대 세계의 주도력에 미혹되어 값비싼 은혜 대신 편의를 택하고, 진정한 공동체 대신 개인주의를 수용하고, 신학적 권위를 개인적 취향의 문제로 끌어내리며, 진리에 대한 명확한 이해와 예수를 향한 배타적 충성을 버린 채 혼합주의와 다를 바 없는 온갖 잡다한 입장을 취했다.

걸핏하면 우리는 마음과 영혼과 힘과 지성을 다하여 주 하나님을 사랑하라는 지상계명에 불순종하여 부당한 반지성주의라는 심각한 문화적 장애이자 죄에 빠졌다. 특히 우리 중에는 과학을 존중하는 강력한 기독교 전통—특히 현대 과학을 탄생시킨 사상의 모체가 된—을 저버리고, 과학과 신앙의 잘못된 적대 관계에 대해 스스로 놀림감이 된 사람들도 있다. 이로써 본의 아니게 우리는 오늘날 우리 문화에 과학주의와 자연주의가 고삐 풀린 듯 만연하도록 조장했다.

걸핏하면 우리는 세계 교회의 인종적·민족적 다양성을 자랑하면서 정작 국내에서는 분리되어 지내는 데 만족했다.

걸핏하면 우리는 세상의 그늘과 음지와 흑암 속에 있는 사람들을 향한 주님의 관심을 외면한 채, 힘 있는 사람들의 응원단이 되고 권력자와 부자들의 순진한 아첨꾼이 되었다.

걸핏하면 우리는 "새 포도주에 맞는 새 가죽 부대"를 만들어 내는 게 아니라, 시의성의 미명하에 당장의 일시적 유행에 굴했다. 모더니즘 같은 어제의 오류는 요란하게 공격하면서 포스트모더니즘 같은 오늘의 오류에는 순순히 항복했다.

이제 우리는 복음주의의 개혁 원리를 회복할 것과, 그리하여 우리 그리스도인의 생활방식과 사고방식 전체에 깊은 개혁과 쇄신을 이룰 것을 겸허하고도 단호하게 촉구한다.

동료 복음주의자들에게는 말로만 예수와 성경을 떠받들 것이 아니라 그 두 권위를 우리의 사고와 실천의 가장 높은 자리에 복원할 것을 촉구한다.

우리의 공동체들에게는 세상과 이 세대를 분별력 있게 비판할 것을 촉구한다. 우리는 세상의 명백한 이질적 세력도 물리쳐야 하지만, 더 똑똑한 통찰과 수법으로 영향을 미치려는 모더니즘의 은근한 유혹도 물리쳐야 한다. 다만 "세상을 위하여 세상을 대적하는" 것임을 늘 잊어서는 안 된다.

예수를 따르는 모든 사람에게는 그분의 계명을 지켜 서로 사랑하고, 모든 부수적 차이를 떠받치는 그분 안에서의 연합에 충실하며, 바깥세상에 절실히 필요한 화해를 교회 안에 먼저 실천할 것을 촉구한다. 정체성과 성별을 이용한 정략으로 사회가 분열된 때일수록 그리스도인들은 예수 안의 정체성이 그 모든 차이를 초월할 수 있음을 삶으로 증언해야 한다.

우리는 낙태와 결혼 등 단일 이슈의 정책 너머로 관심사를 확대하여, 복음의 포괄적 대의와 관심사, 그리고 공적 생활에서 상대해야 할 인간의 제반 이슈들을 더 폭넓게 인식할 것을 촉구한다. 물론 우리는 태아를 포함한 모든 신성한 인명에 대한 성경적 헌신에서 물러날 수 없고, 하나님이 제정하신 한 남자와 한 여자 사이의 거룩한 결혼도 부인할 수 없다. 하지만 동시에 우리는 평화의 왕이신 예수를 본받아 갈등, 인종차별, 부패, 빈곤, 전염병, 문맹, 무지, 영적 공허함 같은 세계적 거인들과 싸워야 한다. 그러려면 화해를 촉진하고, 윤리적인 섬기는 리더십을 장려하고, 빈민을 지원하고, 병자를 돌보고, 차세대를 교육해야 한다. 선한 청지기답게 하나님이 맡겨 주신 모든 것을 잘 보전하여 후대에 물려주는 일이 우리의 소명이라 믿는다.

우리는 또한 제자도를 더욱 온전하게 이해하여 성과 속, 영과 육 등 삶의 모든 소명과 영역에 온전한 믿음을 적용할 것과, 사고의 지경을 넓혀 정치뿐 아니라 예술과 과학과 언론과 다양한 문화 창출에도 기여할 것을 촉구한다.

무엇보다 우리가 다른 사람들에게 예수의 기쁜 소식을 전하려면 우리부터 그 기쁜 소식으로 빚어져 명실상부한 복음주의자가 되어야 함을 상기한다.

❸ 공적 생활에서 우리에게 주어진 자리를 재고해야 한다

우리는 공적 생활에서 우리에게 주어진 자리를 새롭게 이해해야 한다. 고백컨대 예수의 이름에 합당한 복음주의자가 되려면 하나님 나라의 핵심인 자유와 정의와 평화와 복지에 충실해야 하고, 이런 선물을 공적 생활에 들여놓아 만인을 섬겨야 하며, 이런 이상을 공유하고 공공선에 힘쓰는 모든 사람들과 협력해야 한다. 우리는 하나님의 도성의 시민이며 이 땅의 도성의 거류 외국인이다. 예수께서는 우리를 세상 "안에" 있되 세상에 "속하지" 않도록 부르셨다. 따라서 우리는 공적 책무에 온전히 참여하되 그 어떤 정당, 당파적 이념, 경제 제도, 계급, 종족, 국가 정체와도 완전히 같아져서는 안 된다.

근본주의는 처음부터 세상을 완전히 부정하며 정치에 등을 돌렸지만 미국의 존 제이,John Jay 존 위더스푼,John Witherspoon 존 울먼,John Woolman 프랜시스 윌라드Frances Willard와 영국의 윌리엄 윌버포스, 샤프츠베리 경 같은 인물들은 다른 전통을 일깨워 준다. 복음주의자들은 정치 전반에 눈부시게 기여했다. 노예제도의 폐지와 여성 참정권 같은 역사상 가장 위대한 도덕적·사회적 개혁 중 다수에 기여했고, 오늘의 정치적 담론에 빠질 수 없는 여러 개념에도 기여했다. 예컨대 잘 알려져 있지 않지만 복음주의는 자발적 단체의 출현에 중요하게 기여했고, 이를 통해 시민사회와 사회자본 같은 핵심 개념에 대한 인식을 높였다.

사물화도 아니고 정치화도 아니다

그러나 오늘 우리 복음주의자는 공적 생활에서 복음주의와 널리 혼동되고 있는 몇 가지 입장에 분명히 거리를 두고자 한다.

첫째, 우리 복음주의자는 근래에 많은 그리스도인들이 빠진 대등하고도 상반된 두 가지 오류를 배격한다. 첫 번째 오류는 신앙을 사물화私物化하여 개인적·영적 영역에만 해석하고 적용하는 것이다. 이런 이원론은 부당하게 성과 속을 분리시키며, 그 결과 신앙은 **온전함**을 잃고 "사적으로만 관계되고 공적으로는 무관한" 것으로 변한다. 또 다른 형태의 기복 신앙이다.

최근 수십 년 사이에 종교 좌익과 종교 우익이 공히 범한 또 다른 오류는 신앙을 정치화하여, 성경적 진리와 무관해진 본질상 정치적 의제의 표명에 이용하는 것이다. 그렇게 되면 신앙은 **독자성**을 잃고, 교회는 "기도하는 정부"가 되고, 그리스도인은 이런저런 정당의 "쓸 만한 바보"가 되며, 기독교는 순전히 이념이 된다. 결국 기독교 신앙이 정치적 이해관계를 위한 무기로 이용된다.

신앙을 정치화하는 잘못을 범한 그리스도인은 정치적 좌익에도 있고 우익에도 있다. 약해진 종교 우익에 대응하여 종교

좌익을 강화하는 것은 전혀 발전의 길이 아니다. 둘 중 어느 쪽이든 정치화된 신앙은 불충실하고 미련하며 교회에 재난을 부른다. 헌법상의 이유라기보다 먼저 기독교적 이유로 재난을 초래한다.

우리 복음주의자는 정당과 이념과 국적보다 더 높은 대상에 충성하도록 부름받았다. 따라서 정치에 참여할 의무도 있지만 동시에 그 어떤 정당, 당파적 이념, 경제 제도, 국적 등과 완전히 같아져서는 안 될 의무도 있다. 우리의 기준으로 보면 영적·도덕적·사회적 권력도 정치적 권력 못지않게 중요하다. 또한 원칙이 정당보다 중요하듯 정의가 인기보다 중요하고, 진리가 인맥보다 중요하며, 양심이 권력과 생존보다 중요하다.

신앙의 정치화는 결코 힘의 징표가 아니라 오히려 그만큼 약하다는 표시다. "정치에 대해 맨 먼저 할 말은 정치가 맨 먼저가 아니라는 것이다" 역시 지혜로운 격언이다.

복음주의의 정신을 다시 팔 수는 없다. 그것을 사는 데 이미 무한한 값이 치러졌다.

신성한 광장이나 불모의 광장이 아니라 시민 광장이다

둘째, 우리 복음주의자는 미국의 현재 문화 전쟁을 규정하는 양극단을 배격한다. 물론 문화 전쟁에는 깊고 중요한 이슈들이 걸려 있으며, 미국과 서구 문명의 미래가 그 이슈들로 좌우될 것이다. 그러나 문제는 이 이슈들을 놓고 싸우는 방식에서 비롯된다.

특히 우리 복음주의자가 문화 전쟁에서 슬퍼하는 것은 공공선에 대한 공공의 비전이 전반적으로 붕괴된 것만이 아니라, 공적 생활에서 신앙이 차지할 제자리에 대한—그리하여 신앙적 관점에서 공적 생활에 들어가 참여할 자유의 제자리에 대한—끝없는 공방이다. 상이한 종교의 사람들이 광장에 들어가 활발하면서도 시민답게 서로를 상대하는 지침과 원리에 관한 한, 현재 엄청난 혼란이 지배하고 있다. 그 결과가 미국의 문화 전쟁 전반에 "성전"聖戰의 전선으로 나타나고 있으며, 그 속에 위험한 충돌과 증오와 소송이 배태되어 있다.

한편으로 우리는 **신성한 광장**의 지지층을 배격한다. 종교적·역사적·문화적 이유로 그들은 공적 생활에서 계속 어느 한 종교에 특혜를 부여하려 한다. 현재로서는 대다수의 경우에 그것이 기독교이지만 얼마든지 타 종교일 수도 있다. 오늘의 미국처럼 종교적 다양성이 큰 사회에서 어느 한 신앙이 사회 전체의 규범이 되어서는 안 된다. 다만 광장에서 신앙을 자유롭게 표현할 자유가 주어져야 한다.

명백히 밝히거니와 우리는 만인의 종교의 자유에 헌신되어 있으며, 여기에는 기독교 신앙을 택하거나 버리는 회심의 권리도 포함된다. 다원적인 우리 사회에 신정^{神政}을 강요하는 것을 우리는 단호히 반대한다. 동시에 우리는 정치적 공정성을 내세워 전도를 공격하는 편협함에도 우려를 표한다. 우리는 어느 누구에게도 신앙을 강요하거나 행동을 억지로 시킬 마음이 없다. 다만 자유로이 받아들이도록 설득하고 우리 자신의 삶과 특히 사랑으로 예시할 뿐이다.

다른 한편으로 우리는 **불모의 광장**의 지지층도 배격한다. 그들은 일체의 종교적 표현을 완벽하게 사물화하고, 광장을 완벽하게 세속적 공간으로 유지하려 한다. 세속주의자와 자유주의자와 엄격한 정교분리 지지자가 대충 연대하여 지지하는 이 입장은 더욱 부당하고 실효성이 없다. 여전히 종교심이 깊은 절대다수의 시민을 배제하기 때문이다. 기껏 사람들을 광장으로 불러 놓고 그들의 정체성이자 세계관인 신앙을 다 벗으라고 우기는 것보다 더 편협한 일은 없다.

이런 양극단과는 반대로 우리는 **시민 광장**에 헌신한다. **공적 생활에 대한 이 관점에 따르면, 모든 종교의 시민이 각자의 종교에 기초하여 자유로이 광장에 들어가 참여하되, 모든 종교의 공정성과 자유라는 합의된 틀 안에서 그리한다.** 따라서 우리는 자신을 위해 주장하는 모든 권리를 동시에 타인을 위해서도 옹호한다. 그리스도인의 권리는 곧 유대교도의 권리, 세속주의자의 권리, 모르몬교도의 권리, 무슬림의 권리, 사이언톨로

지 신도의 권리, 기타 전국 모든 종교의 모든 신자의 권리다.

콘스탄티누스의 길이 아니라 예수의 길이다

동료 시민들에게 주의를 당부하고 싶은 두 가지 관심사가 더 있다. 한편으로 우리가 특히 우려하는 사실은, **한 세대의 문화 전쟁**—전 세계의 종교적 극단주의에 대한 반작용이 그것을 부추긴 점은 이해할 만하다—**이 많은 식자들 사이에 공적 생활에서 모든 종교에 대한 막강한 반격을 유발하고 있다**는 점이다. 만약 이대로 굳어져 미국도 공적 생활에서 종교에 대해 적개심을 품은 지 오래인 유럽처럼 된다면, 그 결과로 미국 공화국에 재난을 초래하고 만인의 종교의 자유를 심각하게 위축시킬 것이다.

그러므로 우리는 신흥 무신론자들의 이런 명백하고 확연한 불관용에 경고를 발함과 동시에, 모든 선의의 시민들과 모든 종교의 신자들과 종교가 없는 사람들에게 우리와 함께 시민 광장을 건설할 것과 모두를 위한 강인한 시민정신을 회복할 것을 촉구한다.

다른 한편으로 우리가 또한 우려하는 사실은, 세계화가 진척되고 **지구촌 광장이 출현하고 있는데도 이 세계무대에서 가장 깊은 견해 차이를 안고 자유롭고 정의롭고 평화롭게 살아갈**

방도에 대해서는 그에 상응하는 비전이 없다는 점이다. 최근에 무슬림들은 이슬람교가 모욕당한다는 인식하에 항변과 폭동을 일삼고 있다. 이런 예에서 보듯이, 인터넷 시대는 만인에게 알릴 의도가 없는 말까지도 만인에게 알려지는 세상을 만들어냈다. 가장 깊은 견해 차이를 안고 살아가는 도전은 인터넷 같은 첨단기술의 지구촌 시대를 맞아 더욱 심화되고 있다.

이런 지구촌 광장이 출현하면서 우리가 피해야 할 대등하고도 상반된 두 가지 오류가 있다. 한쪽에는 **강압적 세속주의**가 있다. 한때 공산주의가 그 전형이었으나 지금은 더 유연하면서도 엄격한 프랑스식 세속주의가 그 자리를 대신했다. 다른 쪽에는 **종교적 극단주의**가 있다. 이슬람교의 폭력이 대표적인 예다.

동시에 우리는 현재 많은 사람들이 빠지고 있는 두 가지 주된 입장을 배격한다. 한편으로 우리가 배격하는 부류는 자기네 길이 유일한 길이자 만인의 길이라 믿고 무조건 타인에게 강압하는 사람들이다. 문제의 신앙이나 이념이 무엇이든—공산주의나 이슬람교나 심지어 민주주의일지라도—이 입장은 불가피하게 **충돌**을 야기한다.

콘스탄티누스 황제가 단행한 정부 주도의 압제 때문에 분명히 많은 사람들이 그리스도인을 모두 싸잡아 이 범주에 넣을 것이다. 그런 압제는 정부와 교회의 위험한 동맹을 낳아 현재까지도 유럽의 정교政教 관계에 지속되고 있다.

우리도 무제한의 자유의지와 무절제한 개인주의를 비판하지 않는 것은 아니지만, 그래도 교회와 정부의 위험한 동맹과 그 어두운 열매인 압제를 철저히 개탄한다. 복음주의자가 추적해 올라가는 우리 유산의 기원은 콘스탄티누스가 아니라 그와는 판이한 입장인 나사렛 예수다. 물론 우리 중에는 반전주의자도 있고 정의로운 전쟁을 옹호하는 사람도 있지만, 다음의 믿음만은 모두가 동일하다. 즉 온 세상을 위한 예수의 정의로운 기쁜 소식을 퍼뜨리는 것은 정복자의 권력과 검이 아니라 권력을 비우고 기꺼이 죽으심으로 자신이 오신 목적을 이루신 "고난의 종" 예수다. 일부 타 종교의 신자들과 달리 우리는 기독교에 대한 공격과 비난을 "모욕"과 "신성모독"으로 보는 것이 아니라, 오히려 불평이나 피해의식 없이 감수해야 할 제자도의 대가로 본다.

다른 한편으로 우리가 배격하는 부류는 가치관의 차이를 단지 상대적 문화 차이로만 보고 다른 사람이나 문화에 대한 비판을 일체 허용하지 않는 모든 사람들이다. 이 입장은 얼핏 듣기에는 더 관용적인 것 같지만 **무사안일**이라는 악으로 직행한다. 세상에 집단학살, 노예제도, 여성 압제, 낙태 같은 악이 있는 한 우리가 반드시 권리를 옹호하고 악을 퇴치해야 하기 때문이다. 그럴 때는 타인의 일에 개입하는 것이 도덕적으로 정당하다.

아울러 우리는 **이중적 지구촌 광장**의 위험성을 경고한다. 상부에 세계적 세속 자유주의자들이 있고 하부에 지역적 종교 신자들이 있는 이런 구조는 종교의 자유를 생색만 낼 뿐 사실은 심각하게 제약한다. 아울러 진정한 자유주의에도 걸맞지 않다.

다시 말하지만 우리는 시민 광장을 선택한다. 또한 우리와 견해가 다른 사람들까지 포함하여 일단 만인의 권리를 존중하는 입장을 선택한다. 중세의 종교 지도자들과 현대의 일부 무신론자들은 "오류는 권리가 없다"고 믿지만, 그와 달리 우리는 오류를 범할 수 있는 권리도 존중한다. 동시에 우리는 "무엇이든 믿을 권리"가 있다 해서 "누가 무엇을 믿든 그 내용이 다 옳다"는 결론에 이르지는 않음을 강조한다. 오히려 양심에 기초한 견해 차이를 존중할수록 그 차이에 대한 토론이 필요할 수 있으며, 토론은 서로 존중하는 자세로 이루어져야 한다.

모든 사람을 초대한다

앞서 진술했듯이, 이 선언에 서명하는 우리는 감히 모든 복음주의자를 대변하지 않는다. **이 선언은 우리 자신의 입장일 뿐이지만 그렇다고 대상이 우리 자신만은 아니다.** 따라서 전국과

전 세계의 모든 동료 그리스도인들, 동료 시민들, 타 종교의
사람들은 우리의 초대에 응하여 이 선언에 진지하게 주목하고
적절하게 반응해 주기를 바란다.

우선 동료 복음주의자들에게는 이 고백을 숙고할 것과 복음
주의를 둘러싼 깊은 혼란을 우리와 함께 명료히 규명할 것을
촉구한다. 그리하여 함께 우리 주님과 그분의 독특한 생활방
식에 충실할 수 있기를 바란다.

동료 시민들에게는 현재의 문화 전쟁의 악영향을 평가할 것
과 공적 생활에 자유와 시민정신을 회복하는 긴박한 과업에
우리와 함께 협력할 것을 촉구한다. 그리하여 반드시 이 자유
를 자자손손 물려줄 수 있기를 바란다.

전 세계의 타 종교 신자들에게는 당신의 양심에 따라 당신
의 종교를 믿을 권리를 우리가 존중함을 바로 알 것을 촉구하
며, 따라서 당신도 황금률대로 우리와 모든 타 종교 신자들에
게 똑같은 권리와 존중을 베풀 것을 당부한다. 그리하여 함께
종교의 자유를 실현하고 종교의 박해를 줄여, 인류의 다양성
이 인류의 복지에 방해가 아니라 오히려 보완이 될 수 있기를
바란다.

학자와 언론인과 공공정책 입안자 등 공무를 보도하고 분석
하는 사람들에게는 선입견을 버릴 것과 우리와 타 종교 신자
들을 기술할 때 정확하고 공정한 정의定義와 범주를 사용해 줄

것을 촉구한다. 아울러 어조도 당신 자신에게 똑같이 적용되기를 바라는 어조를 써 주기를 바란다.

권력과 권위의 직위에 있는 사람들에게는 우리가 거주 지역과 도시와 국가의 복지를 추구하지만 우리에게는 늘 궁극적 충성의 대상이 있고 다른 모든 기준을 심사하는 더 높은 기준이 있음을 인식해 줄 것을 촉구한다. 기독교가 문명에 기여하고 개혁에 힘쓰는 비결이 바로 그 헌신임을 알기를 바란다.

우리처럼 빈민과 고통당하고 압제받는 무리에게 헌신한 사람들에게는 우리와 협력하여 그 수많은 동료 인간들에게 보호와 평화와 정의와 자유를 가져다줄 것을 촉구한다. 온 세상의 기성 질서는 그들을 무시하거나 압제하거나 노예로 만들거나 인간쓰레기와 무익한 인생으로 취급한다.

작금의 혼돈스러운 철학들과 깨지고 소외된 현대 사회 속에서 의미와 소속을 찾으려는 사람들에게는 우리가 기쁜 소식으로 경험한 이 복음이 정말 사상 최고의 소식임을 숙고할 것을 촉구한다. 복음은 만인에게 열려 있으므로 누구라도 오면 지금 우리가 누리고 있고 공유하려는 이것을 발견할 수 있다.

끝으로, 거짓과 허위와 조작이 만연하고 진실이 짓밟히기 일쑤이며 말이 심각한 인플레이션에 시달리는 세상에서, 우리는 문구를 신중히 고르고 검토하여 이 선언을 작성했음을 엄숙히 서약한다. 하나님 아래서 우리는 이 선언에 스스로 구속

된다. 기쁜 소식의 백성인 우리는 그것을 말로만 전하는 것이 아니라 이 세상과 이 세대를 향해 기쁜 소식의 화신이 되고자 한다.

이상이 우리의 입장이다. 우리 자신의 신앙을 부끄럼 없이 확신하는 가운데 우리는 사랑과 소망과 겸손의 마음으로 모든 타 종교의 사람들에게 손을 내민다. 하나님의 도움으로 우리는 당신과 함께 이 시대의 도전에 맞서고 인류의 더 큰 번영을 위해 협력할 준비가 되어 있다.

주

1. 아우구스티누스의 시대, 우리의 시대

1. G. K. Chesterton, *The Everlasting Man*(Garden City, NY: Image Books, 1955), 260-61.

2. Graham Stewart, *His Finest Hours: The War Speeches of Winston Churchill*(London: Quercus, 2007), 59.

3. Friedrich Nietzsche, *The Birth of Tragedy*, Douglas Smith 번역(New York: Oxford University Press, 2000), 130 (『비극의 탄생』 아카넷). Gerard Manley Hopkins, "God's Grandeur", 7행.

4. Henry Kissinger, *Does America Need a Foreign Policy? Toward a Diplomacy for the Twenty-First Century*(New York: Simon & Schuster, 2001), 17.

5. Christopher Dawson, *Progress & Religion*(Washington, DC: Catholic University of America Press, 2001), xix. Christina Scott의 서문에 인용된 말이다.

6. Søren Kierkegaard, *Attack upon "Christendom"*, Walter Lowrie 번역(Princeton, NJ: Princeton University Press, 1968), xxxiii. 역자 서문의 보충란에 인용된 말이다.

7. Christopher Dawson, *Religion and the Rise of Western Culture*(New York: Image Books, 1957), 17.

8. 다음 책에 인용되어 있다. Christopher Dawson, *Medieval Essays*(Washing-ton, DC: Catholic University of America Press, 1954), 46.

9. 같은 책, 28.

10. Stewart, *His Finest Hours*, 59.

11. Dawson, *Medieval Essays*, 6.

2. 전 세계적인 대과업

1. 다음 책을 참조하라. Os Guinness, *The Last Christian on Earth: Discover the Enemy's Plot to Undermine the Church*(Ventura, CA: Regal, 2010). (『악마의 비밀문서를 훔치다』 정연)

2. Walter Lowrie, "Introduction". 출전: Søren Kierkegaard, *Attack upon "Christendom"*, Walter Lowrie 번역(Princeton, NJ: Princeton University Press, 1968), xi.

3. 예컨대 다음 책을 참조하라. David Wells, *No Place for Truth: Or, Whatever Happened to Evangelical Theology*(Grand Rapids: Eerdmans, 1994). (『신학 실종』 부흥과개혁사)

4. 다음 책에 인용되어 있다. Erik Ritter von Kuehnelt-Leddihn, *Liberty or Equality: The Challenge of Our Time*(Auburn, AL: Ludwig von Mises Institute, 2007), 36.

5. James Fennimore Cooper, *The American Democrat*(New York: Knopf, 1931), 64.

6. John Stuart Mill, "On Liberty". 출전: *On Liberty and the Subjection of Women*(1859; 재판, New York: Penguin, 2006), 39-40. (『자유론』『여성의 종속』 책세상)

7. William Edgar & K. Scott Oliphint 편집, *Christian Apologetics Past and Present*(Wheaton, IL: Crossway, 2011), 314.

8. Jacob Burckhardt, 서신, 1866년 9월. 다음 책에 인용되어 있다. Ritter von Kuehnelt-Leddihn, *Liberty or Equality*, 39.

9. Kierkegaard, *Attack upon "Christendom"*, xxxi.

10. Seneca, *Letters to Lucilius* 29.10.

11. 예컨대 다음 책을 참조하라. Richard Fletcher, *The Barbarian Conversion: From Paganism to Christianity*(Berkeley: University of California Press, 1999).

12. Martin Rees, *Our Final Hour: A Scientist's Warning*(New York: Basic Books, 2004), 8.

(『인간 생존 확률 50:50』 소소)

13. James Martin, *The Meaning of the 21st Century: A Vital Blueprint for Ensuring Our Future*(New York: Riverhead Books, 2006), 19. (『미래학 강의』 김영사)

14. 다음 책을 참조하라. Os Guinness, *The Global Public Square: Religious Freedom and the Making of a World Safe for Diversity*(Downers Grove, IL: InterVarsity Press, 2013).

3. 불필요하고 불가능하지만 부정할 수 없는 관계

1. Emil Brunner, *Christianity and Civilisation*, 제1권, *Foundations*(London: Nisbet & Co., 1948), v.

2. Augustine, *On Christian Doctrine* 2.18.28.

3. T. S. Eliot, *Christianity and Culture*(New York: Harcourt, 1976), 86.

4. Tertullian, *On the "Prescription" of Heretics* 7.

5. 다음 설교에서 인용했다. James Allan Francis, "Arise, Sir Knight" 출전: *Real Jesus and Other Sermons*(Valley Forge, PA: Judson Press, 1926).

6. Christopher Dawson, *Beyond Politics*(New York: Sheed & Ward, 1939), 128.

7. Brunner, *Christianity and Civilisation*, 6.

8. 다음 책에 인용되어 있다. Robert Hughes, *Rome: A Cultural, Personal, and Visual History*(New York: Knopf, 2011), 82.

9. John Baillie, *What Is Christian Civilization?*(London: Christophers, 1945), 69.

4. 문화적 능력의 비결

1. C. S. Lewis, "Some Thoughts". 출전: *God in the Dock: Essays on Theology and Ethics*(Grand Rapids: Eerdmans, 2001), 147. (『피고석의 하나님』 홍성사)

2. Peter L. Berger, "For a World with Windows". 출전: *Against the World for the*

World, Peter L. Berger & Richard John Neuhaus 편집(New York: Seabury, 1976), 10.

3. Lewis, "Some Thoughts", 147.

4. 같은 책, 148.

5. Matthew Arnold, "Dover Beach", www.poetryfoundation.org/poem/172844.

6. David Marin, *Dilemmas of Contemporary Religion*(Oxford: Blackwell, 1978), 88.

7. 같은 책.

8. 같은 책.

9. G. K. Chesterton, *The Everlasting Man*(Garden City, NY: Image Books, 1955), 260-61.

10. T. S. Eliot, *Christianity and Culture*(New York: Harcourt, 1976), 72.

11. Christopher Dawson, *The Tablet*, 1945년 8월 18일, 74. 도슨은 존 헨리 뉴먼의 말을 인용했다.

12. Reinhold Niebuhr, *Does Civilization Need Religion? A Study in the Social Resources and Limitations of Religion in Modern Life*(New York: Macmillan, 1927), 166.

13. Chesterton, *The Everlasting Man*, 361.

5. 하나님 나라의 역동성

1. Johann Wolfgang von Goethe, "General Confession". 출전: Friedrich Nietzsche, *The Birth of Tragedy*, Douglas Smith 번역(New York: Oxford University Press, 2000), 135. (『비극의 탄생』 아카넷)

2. Blaise Pascal, *Pensées*, A. J. Krailsheimer 번역(New York: Penguin, 1995), 66. (『팡세』 민음사)

3. 다음 책을 참조하라. Randall Collins, *The Sociology of Philosophies*(Cambridge, MA: Belknap, 1998).

4. 다음 책을 참조하라. Nathan O. Hatch, *The Democratization of American*

Christianity(New Haven, CT: Yale University Press, 1989).

5. Christopher Dawson, *Beyond Politics*(New York: Sheed & Ward, 1939), 127.

6. T. S. Eliot, *Christianity and Culture*(New York: Harcourt, 1976), 170.

7. John Baillie, *What Is Christian Civilization?*(London: Christophers, 1945), 60.

8. Eliot, *Christianity and Culture*, 92.

9. Reinhold Niebuhr, *The Irony of American History*(1952; 재판, Chicago: University of Chicago Press, 2008), 63.

10. Eliot, *Christianity and Culture*, 196.

6. 아직 황금기가 남아 있다

1. Roland Hill, *Lord Acton*(New Haven, CT: Yale University Press, 2011).

2. Bernard of Clairvaux, *On Consideration*, George Lewis 번역(Oxford: Clarendon, 1908), 75(책 3.1).

3. 같은 책, 34(책 1.10).

4. Christopher Dawson, *The Dividing of Christendom*(San Francisco: Ignatius, 1971), 31.

5. Søren Kierkegaard, *Attack upon "Christendom"*, Walter Lowrie 번역(Princeton, NJ: Princeton University Press, 1968), 32-33.

6. 다음 책에 인용되어 있다. Erik von Kuehnelt-Leddihn, *Leftism Revisited: From De Sade to Marx and Hilter to Pol Pot*(Washington, DC: Regnery Gateway, 1990), 208.

7. T. S. Eliot, *Christianity and Culture*(New York: Harcourt, 1976), 20.

8. Kuehnelt-Leddihn, *Leftism Revisited*, 79.

9. 같은 책, 336.

10. 다음 책에 인용되어 있다. Christopher Dawson, *The Making of Europe*(Washington DC: Catholic University of America Press, 1954), 41. (『유럽의 형성』 한길사)

11. 다음 책에 인용되어 있다. R. A. Markus, *Saeculum: History and Society in the Theology of St. Augustine*(New York: Cambridge University Press, 1988), 164.

중

12. William Shakespeare, *Sonnet 94*, 14행.

13. Robert Hughes, *Rome: A Cultural, Personal, and Visual History*(New York: Knopf, 2011), 195.

14. Kierkegaard, *Attack upon "Christendom"*, 167.

15. 같은 책, 149.

16. John Donne, "A Litany", 8연 1행.

결론적 후기: 다시 한 번 더

1. Sophocles, *Antigone*. 출전: *The Complete Greek Tragedies: Sophocles*, David Greene & Richmond Lattimore 편집(Chicago: University of Chicago Press, 1959). (『안티고네』 범우사)

2. Christopher Dawson, *Progress & Religion*(Washington, DC: Catholic University of America Press, 2001), 180.

3. Emil Brunner, *Christianity and Civilisation*, 제1권, *Foundations*(London: Nisbet & Co., 1948), v.

4. Christopher Dawson, *Beyond Politics*(New York: Sheed & Ward, 1939), 90.

복음주의 선언 소개

1. 영어로 복음주의와 복음주의자의 첫 글자를 대문자로 쓰면 정교회, 가톨릭, 개신교, 유대교, 기독교, 이슬람교와 마찬가지로 사람들 또는 운동을 지칭한다. 복음주의 선언과 보충 자료는 www.anevangelicalmanifesto.com에서 접할 수 있다. 이 선언의 판권은 2008 복음주의 선언 운영위원회(Evangelical Manifesto Steering Committee)에 있으며 허락을 받고 사용했다.

2. C. S. Lewis, "Introduction". 출전: Athanasius, *The Incarnation of the Word of God*, C.S.M.V. 번역(London: Geoffrey Bles, 1944), 6.

3. Athanasius, *Incarnation of the Word*, 41.

4. 다음 책에 인용되어 있다. R. A. Markus, *Saeculum: History and Society in the Theology of St. Augustine*(New York: Cambridge University Press, 1988), 23.

인명 색인

감사의 말

나의 사고와 집필은 언제나 문득 떠오른 착상에서 비롯되었다. 그런 착상이 여러 정황에서 싹을 틔우고 자라나 마침내 처음 휘갈겨 적어 둘 때보다 숙성되었다. 이 작은 책도 예외는 아니며 아래의 친구들에게 심심한 감사의 빚을 졌다.

에릭 펠먼과 래리 줄리언과 필 스털링은 해마다 나를 워싱턴 DC에서 열리는 전국조찬기도회 이전의 실무 만찬에 초대하여 강연하게 해주었다. 거기서 새로운 착상이 많이 나왔고 또 이후의 많은 강연으로 이어졌다.

톰 태런츠와 케리 노트의 초빙으로 2011년 C. S. 루이스 연구소의 연례 연회에서 연설했는데, 이 책은 거기서 자극을 받아 나온 산물이다. 그들의 우정과 격려와 동역은 훨씬 이전으로 거슬러 올라가며 이 책을 훌쩍 뛰어넘는다.

마이클 크로마티, 앨 수, 리처드 오먼, 캐리스 라일리, 데이비드 웰스, 한 익명의 서평가는 모두 유능하고 깊이 몰입하는 사색가이자 좋은 친구다. 그들이 초고를 검토해 준 덕분에 여러 중대 과오를 면할 수 있었고 책의 방향이 지금처럼 잡혔다. 말할 것도 없이 최종 결과는 전적으로 내 책임이며, 특히 그들의 비평과 제안에 담긴 더 좋은 지혜를 내가 오해하거나 간과했다면 더 그렇다.

도서출판 IVP의 앨 수와 제프 크로즈비와 앨리스 위스먼과 모든 훌륭한 동료는 편집과 출판을 큰 즐거움이 되게 해준다.

에릭 윌게머스는 언제나 저자가 바라는 출판 대리인의 전부이자 그 이상이다.

내 아들 CJ가 특히 이번 책을 위해 베풀어 준 격려와 지원은 처음부터 끝까지 감동이었다.

사랑하는 아내이자 동역자인 제니에게 이 책을 바친다. 아내의 삶과 신앙 행보와 특히 기도는 오늘날 우리 중 더 많은 이들이 따라야 할 모범이다.